SeaEagle

SeaEagle

SeaEagle

SeaEagle

看得見的與看不見的

That Which Is Seen and That Which Is Not Seen

流傳全球的經濟學經典
大學經濟學課程推薦入門書

好的投資、好的決策，不僅要看到眼前的好處，還要看到需要推測才可以看到的另一面
稅、就業、政府補助、公共工程……每個人都應該知道的經濟真相

「巴斯夏是有史以來，最出色的經濟新聞記者！」
——經濟學大師 熊彼得（Joseph Schumpeter）

諾貝爾經濟學獎得主 海耶克｜知名財經作家 赫茲利特｜經濟學大師 熊彼得 推薦之作

Frédéric Bastiat
雷德里克・巴斯夏／著　劉霈／譯

一個經濟學家應該同時考慮「什麼是可以觀察到的，什麼又是不可以觀察到的」！

——弗雷德里克‧巴斯夏

譯者序
從破窗理論開始談思維謬誤

弗雷德里克・巴斯夏（Frederic Bastiat）是法國的經濟學家、政治家、作家，古典自由主義經濟學的代表人物。他被視為自由經濟的偉大先驅，包括海耶克（Friedrich A. Hayek）、赫茲利特（Henry Hazlitt）、羅斯巴德（Murray N. Rothbard）在內的很多著名經濟學家都深受其影響。

諾貝爾經濟學獎得主海耶克把巴斯夏稱為政治經濟評論的天才，他在談到本書的時候說：「正如《看得見的與看不見的》，從來沒有人用這麼簡單的一句話，清楚地揭示理性經濟政策的核心困難，我更願意說是，經濟自由的確切論述。」

需要說明的是，本書主要是在法國大革命前後完成，與托克維爾的《舊制度與大革命》成書於同一時期——當時的法國正在急速走向社會主義，新政策和管制政策層出不窮，高層貪腐，身為立法議會議員的巴斯夏挺身而出，為公民自由、私有財產制、自由貿易辯護，他駁斥政府刺激經濟、扶持文藝、擴張公共工程的觀點，以及為防止失業而抵制機器和反對軍人退伍等主張。瞭解這個背景，我們更容易理解書中提到的一些問題。

《看得見的與看不見的》的成書可謂「一波三折」：巴斯夏在搬家的時候丟失手稿，花費很多時間和精力也沒有找到；巴斯夏決定全部重寫，

並且挑選自己在國民公會發表的談話作為論文的主要基礎，再次成稿以後，巴斯夏又覺得太過嚴肅，因為他希望呈現的是「每個人都可以理解的經濟真相」，於是二稿又被付之一炬；巴斯夏再次重寫本書，才有今天我們看到的這部兼具幽默與諷刺的經典。它讓我們知道政府的決策如何影響普通人的生活，我們應該如何解讀經濟政策，人們如何才可以有更好的生活。

巴斯夏在本書中分析一類經濟學裡常見的謬誤，謬誤的產生是由於決策者只看到眼前或是短期可見的後果，這種謬誤被巴斯夏稱為：破窗理論。破窗理論在賦稅、藝術補助、公共工程等領域，成為特殊利益集團以及一些無知者的口頭禪。順便提一句，巴斯夏正是「破窗理論」的提出者，這個理論在作者去世五十多年以後才正式固定下來。在這本書中，巴斯夏用一個簡明的例子說明他的見解：店主的兒子不小心打破窗戶，有些人卻認為這是好事，因為會帶來金錢的流動，給玻璃工帶來6法郎的生意，玻璃工又用它去消費其他物品……最終的結果是：一塊窗戶的破碎引起的連鎖反應，將會促進整個社會的發展。事實真的如此嗎？正如巴斯夏指出的，破壞或浪費造成玻璃工的收入是可見的，但是店主卻因為損失6法郎，無法再用這筆錢去消費是不可見的。評估一項決策的好壞——我們應該隨時關注那些不可見的影響。後來，赫茲利特利用巴斯夏的方法，對破窗理論進行拓展，強調對任何行為或是政策，一定要觀察其長遠影響，還要追蹤對所有群體造成的影響。

這對我們有什麼啟示？

我們知道人類的思維方式存在很多缺陷，其中之一就是損失厭惡——我們更喜歡從一個初始價位出發來判斷一個經濟行為是賺還是虧。換句話

說，我們更容易被眼前可以看到的損失所觸動，對無形的損失卻缺少感覺，因此很容易落入各種經濟陷阱。有時候，人類不比一隻猴子高明多少。

現實世界中，存在各種正回饋和負回饋，存在複雜的變化。建立正確的決策思維，對於我們來說，甚至可以算是一種生活技能。擁有「看得見的與看不見的」全新思維模式，再用這種思維重新審視我們在經濟和社會生活中遇到的各種問題，就會有不一樣的感受和收穫！

原序
看得見的與看不見的

我們會發現，在經濟領域中每個行動、每種習慣、每項法律或法規，都會導致超出我們預想的許多後果。這些後果中，有些後果是隨著改變立刻出現，讓我們當時就可以看到；有些後果需要過一段時間才會顯現出來，它們總是不被人注意到。如果我們可以提前預知這些後果，我們就會很幸運。

事實上，優秀的經濟學家與糟糕的經濟學家之間的區別只有一點：糟糕的經濟學家目光短淺，只看得見目前可以看到的後果；優秀的經濟學家卻思慮深遠，兼顧眼前的同時，還可以考慮到那些只能推測到的後果。不要小看這種區別，兩者之間的差距太大了，因為一般的情況是：經濟政策剛實行的時候，眼前的效果看起來很好，後續的結果卻很糟糕，或是產生反效果。於是，事情經常是：糟糕的經濟學家為了追求一些當下的好處，不顧之後可能產生的巨大弊端；優秀的經濟學家寧願背負眼前的困難，追求未來比較大的收益。

其實，在衛生和道德領域，我們也可以看到同樣的現象：生活放蕩、懶惰、揮霍浪費等習慣，雖然會在當時讓人覺得舒服，但是後來總是給自己的生活帶來無盡的痛苦和禍患。一個人如果只注意到某種習慣的可以看

得見的後果，沒有考慮到那些在當時還看不到的後果，就會耽於一時的享樂。他這樣做，不僅僅是天生的嗜好，通常也是他自以為是經過深思熟慮的。

成功是從痛苦中鍛造而來，以下這個例子或許可以給我們一些啟示。一個人還在搖籃中牙牙學語的時候，其實是處於懵懂的無知之中，無法判斷行為可能產生的後果，因此只能根據行動的眼前後果來調整自己的行動。老實說，在一個人年幼的時候，也只能看到這種後果。只有在經過長時間的磨練以後，他才會知道應該考慮其他後果。教訓和遠見是兩個態度截然不同的老師，它們會教導他認清這一點（教訓有效而殘酷地教育他）。我們的深切感受教導我們應該瞭解一個行動的所有後果：如果火燒傷身體，我們就會在痛苦中認識到，我們應該安全用火，不能讓它碰觸到我們。然而，我還是想要盡可能地用一個更溫和的老師（即遠見）替代這個過於粗暴的老師。為此，我將會研究幾個經濟現象的各種後果，把看得見的後果與看不見的後果進行對比。

目錄

第一章

破窗理論

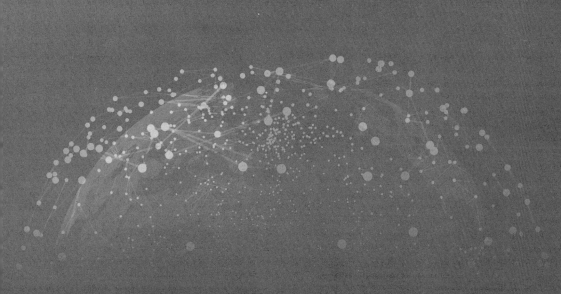

那位好心的老店主詹姆斯先生①生氣的樣子，你可曾見過？當時，他那個調皮又魯莽的兒子在遊戲中不小心打破一塊窗戶，如果你在場，就會有幸看到這樣的場景，所有的圍觀者——哪怕他們有三五十人之多——都會異口同聲地安慰這位不幸的店主：「看開一點吧，遇到這樣的倒楣事也沒辦法，幸好總會有人因此得到好處。人們總要有一個謀生方法，你想一下，如果玻璃不破，玻璃工要怎麼活啊？」

　　現在，這種陳腐的安慰已經在社會上演變成一種流行的理論，我們將會用砸破玻璃窗這個簡單的例子來說明這個理論。在我們的例子結束以後，我們會發現，絕大多數的經濟制度就是在這樣的理論指導下制定的。

　　假定這塊玻璃的價值是6法郎，安慰者就會說：你瞧，這個事故給隨便哪個玻璃工帶來6法郎的生意——沒錯，它提供6個法郎的生意——這一點我承認，我不會說這樣說不對，至少從表面上看來，安慰者的話似乎很有道理：玻璃碎了，某個玻璃工修好它，然後從店主手裡拿到6個法郎，他把錢放進口袋，心裡感激那個調皮搗蛋的孩子。這些都是我們可以看到的。

　　但是，從另一方面來看，假如你根據上述的結果就得出結論，認為

---

1. 法語，Jacques Bonhomme是指講究實際的、負責任的、傲慢不遜的普通人，與英語中的「約翰牛」用法類似。——譯者注

打破窗戶是一件好事，這樣可以使資金運轉起來，由此可以推進工業的發展（生活中，人們確實經常不加思考地得出這樣的結論），我就要大喊一聲：等一下！世界上哪有這種好事！你把這件事情看作是正面的，說明你只看到可以看到的一面，沒有考慮看不到的一面。

我說的看不到的那一面是：因為這位店主在這件事情上花費6個法郎，就不能用這6個法郎做其他事情。如果他不修補這扇窗戶，或許可以用這筆錢給自己買一雙漂亮的皮鞋，或是給自己的書架上再添一本新書。簡而言之，如果沒有發生這個事故，他可以用這6個法郎做其他事情。

如果我們把工業看作一個整體，這個事故對它的影響如何？窗戶被打破了，玻璃工多出一筆6法郎的生意，這是我們已經看到的；如果窗戶沒有被打破，鞋匠或是書店老闆（也可能是其他人）就會增加6個法郎的收入，這是我們看不見的。

如果在看得見的一面之外——這是積極的事實，稍加考慮看不見的一面——這是消極的事實，我們就會明白，對於工業的發展甚至全國的就業推進來說，不管玻璃有沒有被打破，都沒有好處。

現在，讓我們站在老好人詹姆斯先生的角度來考慮整個情況。第一種情況：如果窗戶被打破了，他只能從口袋中掏出6法郎去修補，他從窗戶中得到的享受，雖然不會比從前少，但是也不會比從前多。第二種情況：假如窗戶沒有被打破，他可以拿這6個法郎去買鞋，在繼續享用明亮窗戶的同時，還可以得到一雙漂亮的新鞋。鑑於老好人詹姆斯先生是社會的一個組成部分，因此我們可以得出以下的結論：對得失進行綜合考慮，我們已經失去被打破的窗戶的價值。

概括整個事件，我們可以從中得出一個出人意料的結論：「有些東西

被毫無意義地毀滅，社會無緣無故地損失某些資產。」我們必然會同意一個令貿易保護主義者毛骨悚然的真理：「破壞、毀損、浪費，實際上無法增加國民資產。」或是更簡單地說，「破壞不是有利可圖的」。

《工業觀察報》[1]對此有什麼異議？令人尊敬的查曼斯先生[2]的弟子們，你們對此還有什麼話要說？你們的老師曾經精確地計算，如果燒毀整個巴黎，將會有多少房子要重建，會帶來多少生意啊！

我很抱歉破壞別人富於創造精神的計算，尤其是因為這種精神已經滲透到我們的立法中。然而，我還是要麻煩他另算一遍，這次只要在所有看得見的數目旁邊加上看不見的數目。

讀者在進行觀察的時候，必須牢記一點：在我說的那個故事中，並非只有兩個當事人，請你們稍加關注隱藏在幕後的第三個人。一方是老好人詹姆斯先生，他代表消費者，他本來可以享受兩樣東西，但是由於一個無心的破壞行為，他現在只能享受一樣東西。代表另一方出場的是玻璃工，作為生產者的代表，他興高采烈地張開雙臂歡迎更多打破窗戶的事故發生。協力廠商是鞋匠（或是其他行業的商人），他無辜地由於同一事故而遭受同樣數額的損失，儘管他沒有察覺到這種損失。第三個人一直藏在陰影中，因此我們一直沒有留意到，然而他是這個問題中一個必不可少的因素，正是他向我們揭示我們可以從破壞行動中得到利潤的想法是多麼荒謬。正是他，立刻就可以給我們上一課：以為從限制貿易中可以得到多少

---

1. 這是當時法國貿易保護主義保護組織國內工業保衛委員會創辦的一份報紙。——譯者注

2. 查曼斯子爵（Vicomte de Saint Chamans，1777—1860），復辟時期的議員和國務委員，貿易保護主義者，貿易平衡的鼓吹者。——譯者注

好處的想法，其實更荒謬。畢竟，所有的破壞性行為加在一起，也不會比這個更荒謬。因此，如果你把所有為貿易限制辯護的論證追根溯源，你所看到的，其實只是這種老百姓的空話：如果沒有人打破窗戶，玻璃工要怎麼活啊？

第二章

軍隊復員的影響

從某種意義上說，一個國家跟一個人有很高的相似性。如果一個人想要讓自己過得愜意一些，就要瞭解為此付出的代價是否值得；對於一個國家來說，最大的幸福就是在安全方面獲得無憂的保障。如果為了獲得這種保障，必須動員10萬人，花費1億法郎，我無話可說，這是付出巨大代價來換取的一種享受。

對於我想要針對這個問題發表的看法，請你們不要有什麼誤會。

一位尊貴的議員曾經提出一個建議：復員10萬軍人，這樣做的好處是非常明顯的——它將會減輕納稅人1億法郎的稅負。我們假設現在有人對他的提議進行反擊：「10萬人和1億法郎是維護我們國防安全不可或缺的，這個代價確實很高昂。但是如果不付出這些代價，法國就會陷入內亂，或是可能會遭遇外敵入侵。」在這裡，我不想反駁這種看法，這種看法在不同的場合可能有不同的判斷標準，可能正確，也可能錯誤，至少從經濟學理論上說，算不上胡言亂語。真正的胡言亂語應該是說：這種代價本身表現某種收益，因為它可以為某些人帶來好處。

如果我料想沒錯，提出這個復員議案的人剛走下講台，就會有一位雄辯家迫不及待地衝上去，開始滔滔不絕地演講：

復員10萬軍人！你的頭腦裡在想什麼？假如讓這些人復員，我們的國家會變成什麼樣子？他們依靠什麼生活，他們從哪裡賺錢？你難道不知道

現在到處都在失業嗎？所有的職位都有很多人排隊等著做？難道你想要不負責任地把他們扔進市場，加劇競爭，進一步壓低薪資水平？如果最後他們連飯都吃不飽，不得不由國家來供養他們，對我們又有什麼好處？再考慮軍隊消費的酒、服裝、武器，這些東西讓很多工廠和駐軍城鎮有生意可以做，對於無數供應商來說，這是一筆飛來的橫財啊！用用你的頭腦吧，你的異想天開可能讓這麼多工廠關門大吉，你難道無動於衷嗎？

從這番言論中，我們明白了：他贊成維持10萬兵員，不是因為國家需要這麼多人在軍隊中服役，而是出於經濟的原因。我以下要駁斥的正是這些說法。

納稅人的1億法郎當然是一筆鉅款，這筆錢不僅可以使10萬軍士過得很好，也可以讓他們的供應商過上好日子——這些都是看得見的。

與此同時，我們也要瞭解一點：從納稅人口袋中掏出的1億法郎，不能用於這些納稅人和他們的供應商的生計，數額也不會改變，還是1億法郎——這是看不見的。算一算想一想吧，然後你說說，對於全部國民來說，這樣做的好處在哪裡？

讓我來告訴你，我們在哪裡遭受損失。為了方便讀者理解，以下我們把數值縮小，不談10萬人和1億法郎，就說1個人和1000法郎吧！

假設在一個A村莊，徵兵官在村裡到處閒逛，徵召到一個人。稅務官也不辭辛勞地在村裡轉了一圈，徵收到1000法郎的稅款。這個人和這筆錢被押送到東北部的城市梅斯[①]（Metz），這個人什麼也不必做，只要在這裡過上一年跟以前不一樣的生活就可以。如果你只注意梅斯本身——沒

錯，你已經反覆研究幾百遍——你覺得這是一件好事，有利可圖啊！但是，如果你回頭看看A村莊，你的眼睛沒有問題，你就會看到，這個村莊莫名其妙地損失一個壯年勞動力，也損失可以作為他的勞動報酬的1000法郎，還損失他細水長流地花費1000法郎可以帶來的各種生意。

乍看之下，這些損失似乎已經被彌補了：村莊裡的人和錢沒有任何損失，它們完好無缺地待在梅斯，只是本來應該在村莊裡發生的許多經濟往來現在搬到梅斯而已。在那個村莊中，他是一個辛苦工作的莊稼人；但是在梅斯，他成為一個士兵，他的生活就是單調的「向右看齊！」「向左看齊！」在兩個地方，金錢的使用和循環是一樣的。然而在A村莊，有某個人每天在從事生產性的勞動；在梅斯，他每天卻是在做著不產生收益的事情。我們不是否定軍隊的重要性，這只是假設，畢竟對於公共安全來說，軍隊是必不可少的一部分。

現在，這些軍隊要被遣散了。你滿懷憂慮地跟我說，市場上突然增加10萬工人，會加劇競爭壓力，進而抑制平均薪資。好吧，這是你看到的。

其實，這裡還有你沒有看到的一面。你沒有看到，10萬士兵復員回家，不表示1億法郎憑空消失，而是把它歸還給納稅人；你沒有看到，用這個方法把10萬新工人放進市場的同時，也把1億法郎投入到市場中，用以支付他們的勞動。因此，在增加勞動力供應的同時，勞動力的需求也等量地增加，據此可以得出結論，你說薪資將會被壓低，只是一種幻覺而已。你沒有看到，在遣散之前和遣散之後，1億法郎都是與10萬人配套存在，唯一的不同之處在於：在遣散之前，國家把1億法郎給10萬人，他們卻什麼也不

---

1. 梅斯（Metz），法國城市，位於法國東北，毗鄰德國。——譯者注

做；在遣散之後，1億法郎卻可以讓10萬人工作創造價值。最後一點，你也沒有看到，納稅人交出自己的錢，不管是給一個士兵然後什麼也得不到，還是給一個工人以換取某種產品或服務，在這兩種情況下，這些錢周轉長遠的後果都是相同的，唯一不同的地方在於：在第二種情況下，這個納稅人可以得到某種東西，但是在第一種情況下，他什麼也得不到。

我在這裡批判的這種謬論，無法承受將其推論到極致的考驗，這正好是所有理論原則的試金石。我們試想一下，如果擴大軍隊規模有利於國家經濟發展，為什麼不讓本國所有的男人都穿上軍服？

第三章

賦稅

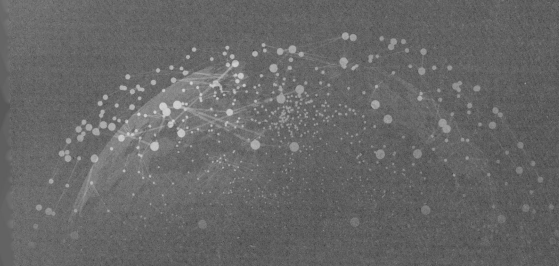

回想一下，你是否曾經聽過什麼人說過類似的話：「納稅是最好的投資，它們是培育生命的甘露。想一想吧，賦稅讓多少家庭可以維持生存，然後再想像一下，它們對工業的間接影響。它們的好處真是數不勝數啊，就像生活本身一樣無邊無際。」

　　我不得不再次重複之前的論證以駁斥這種荒謬的說法。政治經濟學的理論已經說得非常清楚，它的論點比較嚴肅，人們無法隨意對它指手畫腳。因此，跟巴西利歐①（Basilio）一樣，政治經濟學也為自己的應用「準備」幾個諺語，我們可以肯定，在它看來，教育就是不斷地重複。

　　政府官員花掉他們的薪水所享受的好處是可以看得見的，這些錢給他們的供應商帶來的好處也是可以看得見的。以你短淺的目光而言，那些話是正確的。但是，渴望減輕租稅負擔的納稅人的不幸，你卻沒有看見；供應他們必需品的那些商人由此而遭受的經濟損失，你更是看不見，儘管這些事實是顯而易見的，如果頭腦清醒一些，你就可以認識到。

　　假如一位政府官員多花費100蘇②，這就表示，納稅人要少花費5法郎。政府官員的花費是看得見的，事情很明顯已經發生了，納稅人的情況

---

1. 在《塞維亞的理髮師》第二幕中，音樂家巴西利歐說：「我已經準備幾個不同的諺語。」——譯者注
2. 法國過去使用的一種輔助貨幣，20蘇等於1法郎，在法國大革命以後被取消。——譯者注

卻是看不見的，這是因為，唉，他根本無法花到那筆錢。

你做出一個巧妙的比喻：高溫中逐漸乾裂的土地（國家），正在等著可以救命的及時雨（賦稅）。這個比喻沒有任何差錯，但是你也應該多問自己一句，這場及時雨是從哪裡來的？這場及時雨是不是從某個濕潤的地方蒸發上來，進而使這個地方也變得乾涸？

你應該再進一步問自己，這塊土地從這場及時雨中得到的寶貴雨水，是不是比它由於蒸發而流失的水分還要多？這是不是一種浪費？

老好人詹姆斯先生從口袋裡掏出100蘇給稅務官的時候，我們可以確定的一點是：他自己什麼也沒有得到。後來，一位政府官員在消費100蘇的時候，又把它還給老好人詹姆斯先生，以換取他需要的同等價值的小麥之類的東西或是其他服務。最終的結果是：老好人詹姆斯先生損失5個法郎。

政府官員幾乎總是可以向老好人詹姆斯先生提供等值的服務，以補償他交納的那筆稅款。如果情況真是這樣，這件事情也還算是公平，這只是一種交換關係，因此我們的論點完全不涉及官員的那些有效功用。好吧，我想要說的其實是：如果你想要設計一個政府職位，請先說明它的用處何在。向老好人詹姆斯先生證明他可以得到等值的服務，他付出那筆錢確實是物有所值，除了這些內在的固有效益之外，不要再像支持建立新官僚機構的人那樣胡言亂語，說這些機構可以為官員自己、為他的家人、為那些供應他們日常用品的商人帶來多少好處，也不要說這樣可以創造多少就業機會。

如果老好人詹姆斯先生把100蘇交給某位政府官員，並且得到真正有用的服務，這種情況就跟他把120蘇給某個鞋匠，進而換到一雙鞋沒有區別。這是一種買賣交換關係，其結果對雙方都是公平的。但是，如果老好

人詹姆斯先生拿出100蘇給政府官員，卻沒有得到等值的服務，甚至因此給自己帶來麻煩，這就相當於他把自己的錢給一個盜賊。不要再說政府官員花費的100蘇會給我們國家的工業生產帶來多少好處，這種說法毫無意義。比起政府官員，盜賊甚至可以用這些錢做更多的事情，如果老好人詹姆斯先生沒有倒楣地遇到這兩位合法的或非法的寄生蟲，他自己也可以給這筆錢派上更多用場。

因此，我們不能只根據看得見的方面就做出魯莽的判斷，而是要習慣於參考看不見的方面進行綜合評價。

去年，我還在議會財政委員會任職的時候，反對黨的成員還沒有全部被人們從制憲國民大會中轟出來。當時，制憲者的行為還不算是很糊塗。我們曾經聽梯也爾先生①說：「我畢生都在跟那些保皇黨人和教會黨人做鬥爭，但是自從我們面臨共同的危險以來，我開始逐漸理解他們，我們也經常在一起聊天，這使得我發現，他們不是之前想像的怪物。」

是的，如果雙方無法經常接觸，敵意就會容易被誇大，仇恨就會越來越強；如果多數派可以允許少數派成員進入各個委員會，或許雙方都會發現，他們的理念差異不如想像的那麼大，最重要的是：他們將會認識到少數派的意圖也許不像想像的那樣不正當。

這種情況並非不可能發生，去年在財政委員會的時候，每次我們的同事說到應該把共和國總統、內閣部長、駐外大使的薪資固定在一個比較適

---

1. 路易·阿道夫·梯也爾（Louis Adolphe Thiers，1797—1877），法國政治家和著名歷史學家。在其漫長的政治生涯中，曾經擔任議員和首相（1836年、1840年），最終在1871年當選為法蘭西第三共和國總統。——譯者注

中的標準上，就會有人對他說：

如果想要得到良好的服務，我們就要讓某些官員可以生活在聲望顯赫以及富有尊嚴的氣氛中，這是讓這些傑出人士奉獻他們才智的方法。無數不幸的人都會有求於共和國總統，如果他總是不得不拒絕幫助他們，他就會陷入痛苦之中。此外，各個部會和駐外使館裝飾得稍微奢華一些，也是保證憲政政府正常運轉的需要……

不管這樣的說法是否合理，總是值得嚴肅地對待；不管他的想法是對是錯，這樣的說法至少還是基於公共利益。以我本人而言，我可以比很多反對這種說法的人給出更有說服力的論證，一般的反對者只是被狹隘吝嗇和嫉妒心理所驅使。

真正觸動我作為經濟學家良知的，讓我為我的國家的知識聲譽感到羞愧的是：他們從這些論點出發，繼續胡言亂語（他們總是忍不住繼續胡言亂語），最後提出以下這種荒謬的陳腔濫調（不幸的是，總是有人樂於接受）：

除此之外，政府官員的奢華生活也可以促進藝術、工業、就業發展。國家總統和他的內閣部長如果無法舉行豪華宴會，就無法把自己的個人生活完全融入到政治生活中。降低他們的薪資，必然使巴黎的經濟成為無源之水，進而使國家的經濟陷入蕭條狀態。

看在上帝的份上，先生們，不尊重經濟學規律，至少也要尊重算術吧，這樣不知羞恥地跑到國民制憲大會上說：「A數字加B數字的總和，會

由於選擇用A加B還是用B加A而不同」，這樣胡言亂語之後，還可以責怪別人不支持你嗎？

好吧，讓我們做一個假設：我準備找一個工人來幫我在田裡挖一條排水溝，為此我準備出100蘇的價錢。就在我跟工人快要談妥的時候，稅務官跑來了，他拿走我的100蘇。經過許多複雜的程序，最後100蘇到了內政部長手裡。如此一來，我田裡的排水溝挖不成了，部長大人的晚宴上多出一道菜。你是根據什麼而斷言，這位官員的支出可以增加全國的經濟總量？你難道看不清楚嗎？這其實只是一次簡單的消費和勞務的轉移。內閣部長的晚餐確實更豐盛，但是相應地，一個農民的田裡的排水卻從此不暢通。我承認，在巴黎的某個包辦宴會者可以拿到100蘇，但是你也要承認，法國某地的某個挖溝工人少賺5個法郎。對此，我們得出的結論是：內閣部長的餐桌和心滿意足的包辦宴會者是看得見的，被雨水泡了的田地和挖溝工人沒有工作可以做是看不見的。

我的上帝啊，沒有想到在政治經濟學中要證明2+2=4竟然是這麼困難！要是你竟然證明這一點，肯定會有人不屑一顧地說：「這本來就很簡單嘛，誰不明白？囉哩囉嗦的煩不煩啊？」然而，在他們投票決定這件事情的時候，他們應該怎麼來還是怎麼來，就像你從來沒有證明任何東西一樣。

第四章

劇院與高雅藝術——
政府應該補助藝術嗎？

關於這個問題，辯論一定會很激烈，正反雙方都可以說出許多理由。

有些人會說，藝術可以開闊人們的視野，提升人們的精神文化，並且使人們的心靈富有詩意，為此，國家應該扶持藝術產業。這些人還會說，藝術可以將人們從物欲的沉迷中解救出來，讓人們追求那些優美的東西，也可以對我們的行為方式、我們的習俗、我們的道德、我們的經濟產生積極的作用。他們會問，如果沒有義大利劇院（Theatre Italien）和音樂學院，法國的音樂會是什麼樣子？如果沒有法蘭西劇院（Theatre Francais），法國的戲劇藝術會是什麼樣子？如果沒有眾多的畫廊和博物館，我們的繪畫和雕塑藝術會是什麼樣子？人們甚至可能更進一步指出，如果沒有對高雅藝術的集中管理（centralization）和補助政策，是否可以發展出這種高雅的藝術？高雅藝術——這是法國人耗盡心血，並且奉獻給全世界的高貴成就。對這麼高尚的成就，竟然不進行補助，難道不是最輕率的行為嗎？這種補助分攤到每個公民身上沒有任何負擔，我們取得的藝術成就卻可以讓我們在歐洲覺得自豪和光榮。

對於這些理由，我承認很有說服力，但是我們也可以給出很多同樣有說服力的駁斥。首先，這其中存在一個分配性正義（distributive justice）的問題。立法者的權力是否大到可以使他研究藝術家的薪資問題，進而對藝術家給予補助？拉馬丁[1]曾經說：「如果你要取消對劇院的補助，接下來你還想要取消什麼？按照你的邏輯，你是不是也要關閉大學各個科系，

關閉博物館、研究所、圖書館？」對此，人們可以這樣回應：讓我們換一個思路，如果你想要補助所有高雅而有用的事業，要補助到什麼時候？按照你的邏輯，是不是也應該為農業、為工業、為商業、為教育撥出王室專款？而且，你怎麼如此確定，補助一定有利於藝術的進步？這是一個沒有答案的問題，我們也會發現，生意繁榮的劇院正好是那些依靠自己的努力維持生存的劇院。最後，如果我們從更深層次進行考慮，就會看到需求和欲望是此消彼長的，讓全國的財富滿足這些需求和欲望的時候，你會發現一個規律：越高級的欲望，佔的比例越小。因此，政府絕對不能多管閒事干預這個過程，因為不管現在全國的財富有多少，透過稅收來刺激奢侈品產業，不可能不傷害基礎產業，這些事件也會逆轉自然的文明過程。人們也會指出，人為地干擾需求、趣味、勞動、人口之間的相應比例，將會把國家置於一種不穩定而危險的境地，使之失去穩固的基礎。

這是反對國家干預某種秩序的人提出的一些意見。在自然的秩序中，民眾相信他們應該滿足自己的需求和欲望，因此可以自主地決定自己的行動。老實說，我也認為選擇和刺激應該來自下層而不是上層，來自民眾而不是立法者。如果將之顛倒過來，在我看來，就會導致自由和尊嚴的毀滅。

然而，你知道現在人們是怎麼只看錯誤而不公平地責罵經濟學家的

---

1. 阿爾方斯・德・拉馬丁（Alphonse Louise de Lamartine，1790—1869），法國重要的浪漫主義詩人、著名政治家，1834年第一次當選議員。在1848年革命時期，他的聲望達到頂峰。當時，他是建立共和制最積極的鼓吹者。他運用自己雄辯的口才，說服那些威脅要毀滅巴黎的暴民，並且成為臨時政府領導人。但是，他更多地是一個理想主義者和演說家，因此很快就失去影響力，並且於1851年退休。——譯者注

嗎？如果我們反對補助藝術，人們就會指責我們反對要進行補助的這個藝術活動，我們就會被看作是這些藝術活動的敵人，原因只是因為我們想要讓這些藝術活動成為人們的自願活動，參加者去尋找適當的報酬。以此類推，我們要求國家不要用稅款補助宗教事務的時候，我們就會被看作是應該下地獄的無神論者；如果我們要求國家不要用稅款補助教育，我們就會被看作是憎恨知識啟蒙者；如果我們認為國家不應該利用稅款虛增某塊土地或是某個工業部門的價值，我們就會成為財產權和勞工的敵人；如果我們認為國家不應該補助藝術家，在某些人眼裡，我們就會成為覺得藝術無用的未開化野人。

當然，我堅決不贊同以上這些推測。我們絕對不會荒謬到想要取消宗教、教育、財產權、勞工、藝術的地步，只是我們認為，我們應該要求國家保障這些人的自由發展，但是不應該用別人的錢來供養他們。正好相反，我們相信，這些至關重要的社會活動應該在自由的氣氛中和諧發展，不管是哪一類活動，都不應該成為麻煩、弊端、暴政、混亂的根源，但是這種狀況今天正在發生。

我們的反對者認為，對於一項活動，國家如果不給予補助也不加以節制，就等於取締此項活動。我們的觀點正好與之相反。他們信任的是立法者而不是普通人，我們信任的是普通人而不是立法者。

於是，拉馬丁先生又開口了：「如果按照這個原則來做，我們恐怕不得不取消可以給這個國家帶來財富和榮譽的公共博覽會。」

對拉馬丁先生的指責，我的回答是：按照你的觀點，不予以補助就是取締，你會這樣想，是因為你是從以下的前提出發：除非依靠國家，否則任何東西都不能存在，據此你得出結論——如果不用稅款來支撐，任何事

情都會辦不成。但是我會以你舉出的例證，再舉出一個完全相反的例子，我要告訴你：迄今為止，世界上最大、最壯觀的博覽會，就是現在倫敦正在籌備的博覽會①。這個博覽會建立在最自由、最普遍的概念基礎上，把「人道主義」這個詞語用在這裡也不算誇張。這個盛大的博覽會，政府完全沒有插手，也沒有任何稅款補助。

回頭再來看看高雅藝術吧！我想要重申一遍，人們可以提出充分的理由來贊成或反對補助制度。為了與本文的寫作目的保持一致，我不再贅述這些理由，或是在兩種立場之中進行選擇。

但是，對於拉馬丁先生提出的一個論據，我卻不能假裝沒有看到而坐視不理，因為他的論證就在我的經濟學研究範圍內。他說：「劇院的經濟問題可以用一個詞語來總結，那就是：就業。這種職業的性質，我不需要多說了，它跟其他行業一樣，在創造就業機會方面，也是很有潛力、很有效用。你們都知道，劇院的收入支撐至少8000個各式各樣的人的生活——美工、磚瓦匠、裝潢、服裝道具、建築師……他們都是活生生的生命，他們產業的總產值佔我們首都總產值的1/4強，他們應該有資格獲得你們的同情！」

你們的同情？這句話說得有些隱晦，說得明白一點就是：你們的補助。

拉馬丁先生還不只說了這些：「巴黎的戲劇也為外省的各個部門提供

---

1. 本處是指1851年5月在倫敦海德公園舉行的萬國博覽會（The Great Exhibition），由倫敦工藝協會（The London Society of Arts）主辦。這是大型國際博覽會（即「世界博覽會」）的第一屆，在海德公園新建的「水晶宮」舉行，維多利亞女王的丈夫艾伯特親王主持博覽會。——譯者注

就業機會和消費品，富人的奢侈是整個共和國依靠複雜的劇院經濟為生的20萬各行各業工人的麵包，這些工人都是透過這些高雅的活動獲得報酬。也就是說，這些高雅的活動一方面使得法國的形象光輝燦爛，另一方面使得工人們得以維持自己的生計，並且給他們的家人和孩子提供生活必需的東西。你們撥付的6萬法郎，正是為了這個目的。」（太精彩了！太精彩了！熱烈地鼓掌。）

從我的角度來看，我不得不說：糟透了！糟透了！我的這個說法，只是針對拉馬丁先生的經濟觀點。

我們現在討論的6萬法郎，至少有一部分會送到劇院員工的手中，但可以肯定的是，也有一些會在半路上被人攔截。仔細研究一下，我們甚至可能會發現，這筆補助的大部分會落入不相干的人手中。如果最後竟然還有一些碎渣留給員工們，他們實在太有福氣了！但是現在我寧願假設，全部的補助都可以送到美工、裝潢、服裝道具、髮型師的手中，這些是看得見的。

然而，這些補助款是從哪裡來的？這又是硬幣的另一面，考察這一面跟考察它的正面一樣重要。說明白一點，6萬法郎是從哪裡蹦出來的？假如某次議會投票沒有搶先一步讓這筆錢從市政廳跑到塞納河左岸①，這筆錢會流向什麼地方？這是看不見的。

沒有人會說，議會的投票活動可以讓這筆錢從投票箱中孵出來；也沒有人會說，這筆錢是對國民財富的一個淨增加；更沒有人會說，如果沒有奇蹟般的投票，這筆錢仍然是看不見、摸不著的。恐怕我們必須要承認：

---

1. 即從市政廳到塞納河左岸的戲院區。——譯者注

議會投票的時候，多數派唯一可以做到的，就是決定從某個地方拿出這筆錢，然後把它送到其他地方。也就是說，這筆錢只有先從某個地方轉移出來，才可以被送到其他地方。

這就是事情的真相。我們已經可以看得很清楚，納稅人如果交出一個法郎以後，就會跟這個法郎徹底說再見，被剝奪那個法郎可以帶來的享受，本來準備滿足他這個法郎的享受的工人，不管他是誰，也得不到這個法郎的收入。

因此，我們不要抱有那種天真幼稚的幻想，以為5月16日的投票憑空增加國民財富和就業機會。它只是重新分配財富，重新分配薪資，如此而已。

也許有些人會說，政府補助的那種事務或是那種行業，是一種更需要資金、更道德、更合理的事務或行業？對於這樣的看法，我無法評論。我要說的是：拿走納稅人的6萬法郎，提高歌唱家、髮型師、裝潢工、服裝師的收入，莊稼漢、挖渠工、木匠、鐵匠的收入就會減少相同數量。沒有任何東西可以證明前一個階層比其他階層更高貴、更重要，甚至拉馬丁先生也沒有這樣說。用他自己的話來說，跟其他行業相比，劇院的工作是一樣地有效率，一樣地有價值，而不是更多。這樣一來，這種說法就值得懷疑，因為劇院行業沒有比其他行業更有效率的最好證據，就是它竟然呼籲其他行業抽出資金來補助它！

但是，對不同職業內在價值和優點的這種比較，不是本文的寫作目的。我在這裡竭力要證明的是：拉馬丁先生以及那些為他的說法鼓掌的人們，如果已經看到那些向演員們提供必需品的商人獲得的收益，他們也應該看到另一面——那些供應納稅人必需品的人們遭受的收入上的損失。如

果他們做不到這一點，就會被人們譏笑把某種重新分配錯當作某種淨收益。如果他們的理論講究邏輯性，就應該要求對所有行業給予補助，因為在1個法郎或是6萬法郎上很靈驗的東西，放在10億法郎的項目上，不應該失靈吧！

先生們，在涉及稅款的問題，我們可以用某些論據來證明它是有用的，但是不要使用以下這種拙劣的說法：「公共支出可以使勞動階級維持生存。」這種說法的錯誤之處在於，它掩蓋一個我們必須徹底瞭解的事實：公共支出只是私人投資的替代品，這種做法或許會有力地支持一個工人替代另一個工人，但是不會讓作為一個整體的工人階級的整體收入增加。所以，我們已經得出結論：你們的看法很時髦，但是十分荒謬無稽，因為你們的推理過程是不正確的。

第五章

公共工程的詭辯

國家確信在某個行業中創辦一個大型企業可以促進社會經濟發展以後，就會動用一筆資金創辦一家這樣的企業，這筆資金也是從民眾那裡徵收的。這不是最平常的事情嗎？但是，我聽到有些人竟然用「除此之外，創辦這種企業還是為工人創造就業機會的一個好方法」這樣的謬論來解釋這件事情的時候，不得不說，我立刻火冒三丈。

　　國家的所有公共工程確實可以製造就業機會，例如：開通一條公路，建造一座宮殿，修建一條街道，挖掘一條運河……這是可以看得見的。然而，我們不容易看見的是：這種做法也會剝奪另一些工人的就業機會，以下我們會進行解釋。

　　假定政府正在某地修築一條長途公路，每天從早到晚都有一千個工人在辛勤工作，他們透過勞動賺取自己的那份工資——這一點是毫無疑問的；假設政府沒有修築這條公路的計畫，假如議會沒有投票為這條公路的建設撥出預算，這些勤勞的工人無法得到這份工作，也拿不到這份工資——這一點也是確定的。

　　但是以上所說的一切只是事物的一面：讓我們再全面地考慮，在整個過程中，是不是還有什麼事情被我們忽略了？教育家迪潘先生[①]莊嚴地宣布「議會正式決定……」的時候，築路所需的幾百萬法郎難道真的像免費的月光一樣，輕而易舉地灑落進福德先生[②]和比諾先生[③]的保險箱中？在籌集這筆錢的過程中，國家除了大方地做出預算以外，難道不需要組織人力

徵集這筆資金？難道不需要派出各個層級的稅務官到全國去徵稅？納稅人難道不需要打開錢包做出貢獻？

因此，我們必須要從兩個方面來看待這個問題。國家要用議會撥付的幾百萬法郎進行一項工程，也不能忽視納稅人本來可以用幾百萬法郎做其他事情——現在他們什麼也做不成，因為這些錢已經長翅膀飛走了。說到這裡，你應該明白了，公共工程其實是一枚有兩面不同圖案的硬幣，一面畫的是一個忙碌工作的工人，我們直接可以看見這幅圖案，另一面畫的是一個失業的工人，這幅圖案卻是無法直接看見的。

請注意，如果有人把我在本書中竭力批判的這種詭辯運用到公共工程中，就會非常危險。因為這種詭辯所做的主要工作，就是在為愚蠢的浪費辯護。如果是修築一條必需的鐵路或是一座橋樑，還可以根據這個事實來論證它帶來的許多好處，例如：方便出行，運輸物資。如果這些公共工程實際上沒有多大用處，那些人會怎麼做？好吧，你一定猜得到他們會說什麼：「我們必須要為工人們創造就業機會！」簡直是胡言亂語！

舉出這樣的例子，是因為這樣的事情不乏先例。例如：從前有人先是下令修建戰神廣場[4]（The Champ-de-Mars），但是後來又下令廢棄不用。這也是有前例的，據說偉大的拿破崙曾經做過這樣的事情，他在命令工人

1.　夏爾・迪潘（Charles Dupin，1784—1873），法國著名教育家、工程師、經濟學家、藝術和工藝學院教授、眾議員、參議員，對政治經濟學的最大貢獻是在經濟統計領域。——譯者注

2.　阿希爾・福德（Achille Fould，1800—1867），政客與金融家。——譯者注

3.　比諾（Jean-Martial Bineau，1805—1855），工程師和政客，1852年擔任財政部長，促進法國早期鐵路的發展。——譯者注

挖開一條管道以後又再次填上的時候，也自豪地認為自己在做一件很有意義的事情。他也曾經滿懷自豪和博愛地說：「看似無意義的事情，其實是有意義的。我們所做的是在讓財富流入勞動階級的手中。」

讓我們從本質上討論這個問題，貨幣經常會使我們產生一種幻覺。如果要求所有公民對一項公共工程提供資金支援，實際上就是要求他們提供真實的物質上的資助，因為他們交納的稅款都是透過自己的辛勤工作得來的。現在，假如我們把所有公民召集起來，要求他們為一項利民工程貢獻自己的力量，人們都會理解這件事情，因為他們得到的報酬就是這項工程可以發揮的作用。但是如果把他們召集起來之後，強迫他們修築一條不會有人要走的道路，或是修建一座不會有人要住的房子，這樣做的唯一理由是這項工程可以為他們創造工作，那也未免太荒謬了，他們有正當的理由予以反對：我們不要這樣的工作，這樣不如為自己工作。

如果要求公民們付出的不是勞動而是貨幣，事情的性質其實沒有任何改變。但是，如果公民們付出勞動，損失要所有人承擔，如果公民們貢獻的是金錢，那些由國家出面雇傭的人就不會損失他們的那一份，那些已經上交一筆稅款但是沒有在這裡找到一份工作的人，卻還要再遭受更多的損失。

《憲法》中，有一條是這麼寫的：

---

4. 戰神廣場 Champ-de-Mars，位於巴黎第7區，現在是艾菲爾鐵塔和軍事學院之間的一處公園，也是著名的旅遊景點。十八世紀下半葉之前，這裡是一塊被遺棄的空地，直到軍事學校在1765年建立，地位才逐漸提升，當時用來作為軍事訓練場所。1900年的奧林匹克運動會在此舉辦，法國多次使用這個場地迎接世界博覽會。——譯者注

「社會要……透過國家、各個部會、市政當局組織實施的雇傭失業者的適當的公共工程,幫助和鼓勵勞工的發展。」

作為應付經濟大蕭條的一種臨時性應急措施,代表納稅人進行的這種干預具有良好的效果。這種措施沒有增加就業數量,也沒有提高薪資總量,只是把平時的一些就業和薪資拿出來,在困難時期作為一種慈善事業,對於整體經濟來說,實際上是一種損失。

把這種措施作為一種持久的、普遍的、系統的經濟政策,就是只有負面影響的騙人把戲,不可能長期實行。表面上看來,它似乎創造一些就業機會,這是可以看得見的;但是它掩蓋一個悲催的事實:更多的就業機會因此而被排擠掉,這是看不見的。

第六章

仲介

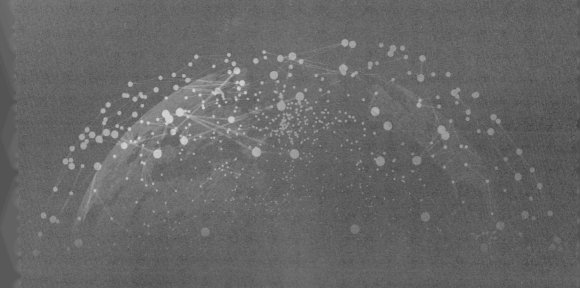

給社會下一個定義吧：社會是人們相互提供的所有服務的總和，無論這種服務出自於強制還是自願，強制提供的是公共服務，自願提供的是私人服務。

　　公共服務是由法律強加或管制的，這種服務相對穩定，不容易隨著需求的變化而變化。它們具有頑強而超長的生命力，即使已經沒有任何實際用處而完全成為公共禍害，仍然可以大言不慚地自稱為公共服務。私人服務是自願的，亦即個人承擔責任的領域。在交易之後，每個人都付出他擁有的而買進他希望得到的。我們可以認為，這些服務都是真正適用的，這種用處的大小可以用它們的比較價值來準確地衡量。

　　正是基於以上理由，前者通常是靜止的如死水一潭，後者遵循進步的法則不斷改進。

　　儘管公共服務已經因為過度擴張導致資源大量浪費，並且在社會中造就一群病態的寄生蟲，然而令人驚奇的是，很多現代經濟思想流派把這些糟糕的現象歸咎於私人服務，他們企圖轉變這些職業發揮的功能。

　　這些思想流派在攻擊他們所說的仲介的時候簡直是義憤填膺，他們強烈地要求消滅資本家、銀行家、企業家、商人、小店主，指責這些投機份子橫插在生產者與消費者之間，向兩邊榨取錢財，卻沒有為生產者和消費者增加任何價值。但是，這種仲介的職能好像不容易徹底消滅，於是改革家寧願由國家擔負仲介的角色。

這其實是一種詭辯，他們大肆宣揚公眾為其獲得的服務向仲介支付什麼，但是刻意掩蓋如果取消中間人他們將要向國家支付什麼。我們再次遇到同樣的衝突：我們可以親眼看到的，與我們只能在頭腦中意識到的，亦即看得見的與看不見的。

如果巴黎人覺得肚子餓了，但是可以滿足飽腹欲望的小麥在俄羅斯的奧德薩[1]（Odessa），在小麥進到胃裡之前，人們的飢餓痛苦是不會消失的。有三種方法可以擺脫飢餓：第一種方法是，飢餓的人自己跑去尋找小麥；第二種方法是，他們可以自主地把這件事情完全託付給專門從事這門生意的人；第三種方法是，他們甘願讓國家徵收一筆稅款，然後由政府官員來承擔這個工作。

在這三種方法中，哪一種最有優勢？

在任何一個時代的任何一個國家中，那些自由、文明、有閱歷的人，如果可以自願選擇，他們毫不例外地會選擇第二種。在我看來，這已經是其佔據絕對優勢的有力證據。我不相信人類會在這個顯而易見的問題上欺騙自己。

然而，我們還是來仔細研究這個問題吧！

讓3600萬人全部跑到奧德薩去買回他們需要的小麥，這種方法顯然是不可行的，第一種方法被否定了。這種事情，消費者不可能親力親為，他們不得不轉而求助於仲介，不管是政府官員還是商人。

---

1. 奧德薩是烏克蘭南部城市，是一座被譽為「黑海明珠」的港口城市，始建於古希臘，現在的城市設計形成於凱薩琳女皇時代，效仿彼得大帝興建聖彼得堡，修建這座「通往黑海的窗口」城市。——譯者注

然而，我們要注意到一點：第一種方法應該是最自然的方法。從根本上說，誰覺得肚子餓了，他就有責任去買到可以充飢的小麥。這是一個只關乎他生命健康的任務，照理說，這項任務只能由他自己來完成。假如別人——我們先不管他是誰——為他提供這項服務，替他完成他本來應該完成的任務，這個人就應該獲得補償。我們在這裡談論的，其實正是這一點：仲介的服務中，包含某種獲得補償的權利。

　　有些人把仲介稱為寄生蟲，我們暫且按照他們的觀點承認仲介就是寄生蟲，兩種寄生蟲——商行或是公共服務機構，哪一個的寄生性少一些？

　　商行（假定它有自主權，否則論證無法繼續進行下去）受到它自己充滿私欲的動機驅使。它會研究季節的變化，不停地瞭解農作物的生長環境，收集來自世界各地的報導以此預測人們的需求，並且對一些導致價格出現變動的情況採取預防措施。它的輪船隨時準備航行，它在世界各地都有合夥人，它完全是自私自利的，正是這些因素，使它可以用盡可能低的價格買進，並且可以有效地利用經濟運轉過程中的微小細節，進而可以用最小的代價獲得最大的成果。隨時忙碌著滿足法國人的日常需求的人，不僅僅是法國的商人，還有世界各個地方的商人，如果趨利之心可以驅使他們以最低的成本完成他們的任務，他們之間的激烈競爭也有助於讓消費者從他們已經獲得的實際利益中分享好處。如果小麥運到，商人就會希望可以在最短時間內將其售出，以降低自己的投資風險，兌現自己的利潤。如果情況允許，還可以多跑一趟買賣。商行或是私人企業總是會在價格的指引下，把商品配送到全世界，而且總是從最嚴重缺乏的地方開始，也就是說，從人們的需求最急迫、最強烈的地方開始。因此，我們真的無法想像，還有什麼組織可以比他們更好地滿足飢餓的人的需求？如此美好的組

織，是基於以下的事實存在的：它有自主權，也就是說，它的所有行為出於自願。是的，消費者必須向商人支付他花費在陸上運輸、跨洋運輸、儲存、委託等方面的費用，但是那些消費小麥的人在何種體系下，可以不支付將其運送到自己手裡的費用？除此之外，消費者還要為商人的服務付費，但是仲介的比例可以透過他們之間的相互競爭壓縮在最低程度。至於公平問題，馬賽的商人既然可以為巴黎的工匠服務，為什麼巴黎的工匠不能為馬賽的商人服務？

如果這些事情不是交給商人來做，將會出現什麼局面？拜託，讓我看看這樣做可以給公眾帶來什麼好處。零售價格會降低？讓我們想像一下，4萬個市政當局的代表在某一天──人們需要小麥的那一天──同時湧入奧德薩，你以為這種情況會對價格產生何種影響？運輸費用會降低？運輸這些東西需要的輪船、水手、遠洋貨輪、倉庫會減少嗎？或是我們不必支付這些運輸及其他費用？商人的利潤會減少，那些市政代表和政府官員不辭辛勞地跑到奧德薩，難道一無所求嗎？他們大老遠跑去，難道是出於兄弟友愛？他們不需要生活嗎？他們的時間不值錢嗎？你以為這些林林總總的費用加起來不會達到商人預期獲得的2%～3%這樣的利潤率的上千倍？

然後，再想想徵收這麼多稅款來配送這麼多食品的難度，想想伴隨著這樣的活動而來的那些腐敗和陋習，想想政府是否可以擔負這麼重大的責任。

現代社會中，人與人的合作越來越密切，形式越來越豐富，整個社會成為一個巨大的合作團體，這種合作給我們生活帶來的益處也是非常明顯的。

讓我們用一個例子來說明這一點：

有一個人，早上起來可以穿上一套衣服，在一塊圈起來的土地上，施肥、疏濬、耕耘，種上某種牧草，然後在上面養一群羊，再從這些羊身上剪下羊毛。這些羊毛經過紡紗、編織、染色等步驟以後，織成布料。布料經過裁剪、縫紉，做成許多套衣服。我們看到，這個生產過程需要無數人的介入，需要利用農業、牧業，需要工廠、煤炭、機器、貨運等行業的配合。

假如社會的合作不是那麼密切，不管是誰，如果想要有一套衣服穿，就要自己獨立奮鬥。也就是說，要自己來完成以上所說的繁瑣的操作過程，從最初開始的揮鎬翻地，做到最後的拿針縫衣。

謝天謝地，我們有現成的合作關係，這是我們作為人類這種高等動物的根本屬性。這些繁瑣的操作過程，已經被分解到無數勞動者的名下。為了實現共同的利益，他們繼續往下細分，直到把分工細分到某一個點。在這裡，只要消費需求增加，每個獨立而專業化的操作過程就可以成為一個新興行業。生產過程被細分之後，每個人都會為增加社會價值貢獻自己那份力量。如果這還不算是合作，我要請教一下這是什麼？

注意，每個勞動者無法自己製造他需要的最細小的原材料，因此必然依賴於別人提供的服務，雙方互利互惠，為了一個共同目標而互相協助。每個群體都會跟其他群體以各式各樣的形式聯繫在一起，因此所有人都可以被看作是仲介。舉一個例子，假如在生產交換過程中，交通運輸變得十分重要，所以雇傭某個人從事此項工作，按照重要程度排序，接下來是紡線，再下來是織布，你從哪一點得出結論，前一個人比別人更像寄生蟲？交通運輸是不是沒有必要存在？不是有人在花費時間和精力在做這件事情

嗎？他為什麼不把這些時間和精力省下來讓別人做？是他們會做得比他好，還是由於他們做的是不同的事情？至於他們得到的報酬——他們在生產交換過程中應得的那一份，難道不是要在一個法則的約束下，限定在協商達成的價格這個範圍內？這種合理的勞動分工和這些充分自主的制度安排，難道不會有利於共同利益嗎？

上文中，我描述的合作難道不是合作嗎？在這裡，每個人可以自由地進入或退出，可以在其中選擇自己的位置，可以按照自己的意願做出判斷和進行交換行為，自己承擔由此而引發的所有責任，商行的私利之心正是它快速行動的力量源泉，也是它成功的保證。

第七章

貿易管制

貿易保護主義先生[1]（這個花俏的名字不是我取的，而是來自迪潘先生的創意）把自己全部的時間和精力用在把他的國家土地上的礦石轉化成鐵。由於大自然對比利時人更慷慨一些，所以他們可以用比貿易保護主義先生可以提供的更誘人的價格向法國人出售鐵。這就表示，所有的法國人，或是說整個法國，如果從心地善良的法蘭德斯（Flanders）人[2]那裡購買一定數量的鐵，需要付出的勞動就會比較少。於是，受到私利之心的鼓動，大批的法國人充分地利用這種優勢，每天都有無數的製釘者、金屬加工工匠、車匠、技工、鐵匠、犁匠，跑到比利時購買他們需要的鐵，或是自己親自出馬，或是找中間人代勞。這種情況卻讓貿易保護主義先生大為光火。

他的第一個想法是：自己奮勇向前、赤手空拳地進行干預，以阻止這種可恨陋習繼續蔓延到全國。可惜的是，這個方法收效甚微，最後自己弄得遍體鱗傷。於是，他對自己說：不能這樣下去！我要扛起我的長槍，我要在腰裡別上四把手槍，我要在彈匣中裝滿子彈，我要打開槍上的刺刀，

---

1. 在法語中，Mr. Prohibant具有諷刺意味，通常是指貿易保護主義者，是由之後提到的迪潘最早使用，大致可以翻譯為「貿易限制論先生」（Mr. Restraint-of-Trade）或是「貿易保護主義先生」（Mr. Protectionist）。——譯者注
2. 西歐歷史地名，包括現在比利時的東、西法蘭德斯省和法國的諾爾（Nord）省。——譯者注

我要跑到邊界上，首先要殺了那些金屬加工工匠、製釘匠、鐵匠、技工、鎖匠，這些可惡的投機份子竟然只顧追求自己的利潤，不管我的死活。瞧著吧，我要給他們一些教訓！於是，他全副武裝起來。

然而，就在他即將動身的時候，又有另一個想法，這個想法給他的戰鬥激情澆了一盆冷水。想想看：那些跑去買鐵的人——我們的那些同胞，也是我的敵人，他們很有可能採取自衛行動，最後的結果也許不是我幹掉他們，而是我平白無故地犧牲。而且，就算把我全部的僕人派上陣，恐怕也未必可以守住整個邊界。還有，我這麼費心費力，付出的代價太大了，這個代價大到超過我可以從中得到的好處。

這番考慮之後，貿易保護主義先生無可奈何地長嘆一口氣，頹然倒下，但是突然之間，他又有一個很棒的主意。

他想起來了，巴黎有一個偉大的法律工廠。他自問自答：法律是什麼玩意兒？法律就是一種強制措施，只要昭告天下，管它是對是錯，每個人都要遵守。為了執行這個法律，政府專門組織一支警察隊伍，為了維持這支警察隊伍的運轉，國家專門撥出人力和財力。

如果我可以讓偉大的巴黎法律工廠炮製一部微小而精密的法律，宣布「查禁比利時出產的鐵」，比利時的鐵再便宜也沒有用。政府會派出2萬個威風凜凜的關稅官員替代我的那幾個僕人，到邊界上對付我痛恨的那些金屬加工工匠、鎖匠、鐵匠、技工、犁匠。為了讓2萬個關稅官員保持良好的精神和健康的體魄，每年要撥給他們2500萬法郎以作薪酬，至於這筆錢的出處，掏掏那些鐵匠、釘匠、犁匠的口袋不就行了。經過這樣一番組織，就可以達到我的目標，我自己卻什麼也不必付出：我再也不會像一個野蠻的掮客，我可以隨意定價出售鐵。看到我們偉大的人民被人們不體面地愚

弄，我的心裡有一種說不出的痛快。他們到處說自己是歐洲所有進步的先驅和推進者，這次總算給他們當頭一棒。這是一個聰明的主意，完全值得一試。

於是，貿易保護主義先生匆匆來到法律工廠（我也許會另找時間來講述他在這裡做的那些陰暗的、見不得人的勾當，但是在這裡，我只想談論他那些公開的、人人皆見的活動步驟），他站在那些尊敬的議員先生面前，發表一次演說：

比利時的鐵在法國的售價極低，只有10法郎，逼得我不得不以這個價格虧本出售。實際上，對我們來說，合理的出售價格應該是15法郎，但是由於這些討厭的鐵，我卻不敢這樣做。趕快制定一部法律吧，規定「比利時的鐵不准進入法國」。我立刻可以把我的鐵售價提高5法郎，這樣做的好處如下：

我售賣的鐵每100公斤的價格不再是10法郎，而是15法郎。這樣一來，我將會更快地富裕起來，之後我的生意規模會變得更大，我會雇傭更多工人來工作。我和我的員工會花銷更大，進而給供應我們消費品的那些供應商帶來更大的市場，這些供應商也會對整個工業下更多的訂單。逐漸地，這種擴張會影響到整個國家。你們投進我的保險箱中的100蘇硬幣就像一顆石頭扔進湖裡，將會形成無數個同心圓，逐漸擴散到很遠的地方。

法律的制定者被這一番話迷住了，他們的頭腦中充滿這樣的想法：只是透過立法，就可以這麼容易地增加國民財富啊！於是，他們很快投票通過禁止法令。他們說：「如果確立一項法令就可以增加國民財富，為什麼還要喋喋不休地說什麼勞動和儲蓄？這些痛苦的方法還有什麼用處？」

確實，這部法律的誕生會產生貿易保護主義先生預料的所有後果，但是除此之外，還有一些他沒有指出的後果。公平地說，他的推理也許沒有錯，但是問題在於還不夠完整。為了尋求法律的庇護、高價售鐵的特權，他指出可以看得見的那些結果，但是掩藏那些看不見的效應。在他的論述中提到兩個人物，實際上在這幅美妙圖景中，還隱藏著第三個人物。我們的任務就是補上他遺漏的那些細節，不管是他確實不知道還是有意隱瞞。

　　透過立法程序落入貿易保護主義先生口袋的5個法郎，對他自己和那些因此而得到工作機會的人來說，當然是一件好事。5個法郎如果是法律制定以後從月亮上落下的，就是一件絕對的好事而不會出現任何壞效應。不幸的是，奇蹟般的100蘇不是從天上掉下來的飛來橫財，而是來自金屬加工工匠、針匠、車匠、鐵匠、犁匠、建築工的口袋，也是一句話，來自老好人詹姆斯先生的口袋。今天，他們掏出這筆錢，卻連一毫克的鐵也沒有得到。於是，我們現在討論的問題就要換一個角度，因為事情非常明顯，貿易保護主義先生從這件事情中得到的好處，將會被老好人詹姆斯先生的損失所抵消。貿易保護主義先生確實可以用5個法郎促進國內工業的發展，但是如果5個法郎在老好人詹姆斯先生的手裡，他也可以做到這一點。一顆石頭正好扔到這個湖裡的某個地方，完全是因為法律禁止把它扔到其他湖裡。

　　於是，看不見的東西帶來的損失抵消看得見的東西帶來的益處，這個過程的後果是某種不公平，導致這種不公平卻是法律，再也沒有比這一點更可悲的。

　　但是，這個問題不止如此。我必須指出，有一個第三者還藏在陰影中，我要讓他現出原形。他的出現將會告訴我們，我們還會再損失5個法

郎，到此為止，我們才算是瞭解整個過程中的全部後果。

　　老好人詹姆斯先生有15個法郎，這是他辛勤工作的果實（此處我們是在追溯他還可以自由行動的情景）。他怎麼花掉15個法郎？他花費10個法郎，買了一頂漂亮的女士便帽，他用這頂帽子來換取（或是由他的仲介替他換取）100公斤比利時出產的鐵。他的手裡還有5個法郎，他不會把這筆零用錢扔到河裡，而是會用它來支付某個匠人的工資，或是其他可以滿足自己需要的東西——例如：用它跟某位出版商換取一本波舒哀①著作的《世界通史》。

　　因此，他對國內工業的貢獻是15個法郎，即：

　　（1）支付給巴黎的女帽製造販賣商的10個法郎

　　（2）支付給出版商的5個法郎

　　老好人詹姆斯先生同樣有收穫，他用他的15個法郎得到兩樣可以滿足他需要的東西，即：

　　（1）100公斤的鐵

　　（2）一本書

　　現在卻頒布一條禁止法令。

　　老好人詹姆斯先生會遇到什麼情況？國內工業又會有怎樣的遭遇？

　　老好人詹姆斯先生把15個法郎全部交給貿易保護主義先生，換取他的100公斤鐵，買完這些鐵之後，他一毛錢也沒有了。那本書或是其他與此價

---

1. 雅克-貝尼涅·波舒哀（Jacques-Benigne Bossuet，1627—1704），當時著名的布道者，曾經擔任路易十六的王位繼承人導師，著作《世界通史》，是法國幾代學生必讀的經典。他最堅定地反對新教，也領導限制宗教權力的運動，因此成為教會史上和文學史上的重要人物。——譯者注

值相當的東西帶來的享受，他再也感受不到。也就是說，他損失5個法郎。你也贊成這種說法吧，你無法否認這種說法，你不能不承認，貿易限制確實抬高價格，給消費者造成5個法郎的損失。

然而，有些人卻說，這筆錢不是完全消失，國內工業得到這個差額。

不，國內工業也沒有得到這個差額。因為頒布法令以後，這筆錢帶來的促進作用是一樣的，都是15個法郎。

由於頒布一項不公平的法令，老好人詹姆斯先生的15個法郎只能全部交給冶鐵商，但是在法令頒布之前，這筆錢卻可以分成兩份，分別給女帽製造販賣商和出版商。

從道德層面來看，貿易保護主義先生在邊界上可以使用的力量，與這項法令為爭取他的利益而發揮的力量，是截然不同的。有些人竟然有這樣的觀念——法律規定搶掠合法，它就不再是不道德的。但是對我來說，我無法想像有什麼事情比這個更令人驚心。但是也許有一件事情是確定的，那就是：經濟後果總是不會有任何改變。

你可以隨便從什麼角度來研究這個問題，但是如果你可以冷靜地思考，就會發現：不管怎樣，從合法或是非法的搶掠中，都無法得到任何好處。我們不想否認，這種行為可能為貿易保護主義先生或是他的行業，如果你願意，甚至也可以說是為國內工業，帶來5個法郎的好處。但是我們也可以肯定，這種行為也會導致兩層損失：一個遭受損失的是老好人詹姆斯先生，以前只要10個法郎就可以買到那些鐵，現在卻要支付15個法郎；另一個遭受損失的是國內工業，它無法再得到5個法郎的差額。你自己選擇一下，我們看得見的那些好處可以補償哪個損失？無論如何，你沒有選擇的那一項，必然會遭受淨損失。

第八章

「邪惡的」機器

「我們詛咒機器趕快下地獄！一年又一年，這些機器驚人的動力使得上百萬的工人陷入貧困之中，機器毫不留情地剝奪工人們的工作機會，搶走他們的工作，就是搶走他們的工資；搶走他們的工資，就是搶走他們的麵包！我們詛咒機器！」

這是來自無知者帶著成見的呼聲，這種呼聲終日迴響在我們的報紙上。

然而，咒罵機器，其實就是咒罵人類的智慧。

令我感到難以置信的是，竟然真的有人信服這種荒謬的理論！

因為，如果這些說法是可信的，按照這種邏輯，我們的社會會是什麼樣子？其結果必然是這樣的：只有那些愚昧到精神上處於靜止狀態的民族，上帝沒有賦予他們思考、觀察、發明、創造，以及用最小代價獲取最大成果的天賦的可憐民族，才有可能獲得財富和幸福。與之相反的是，那些努力尋找和探索鐵、火、風力、電力、磁力和化學、力學法則——即深入挖掘自然的力量——以及自身蘊藏的力量的民族，只能衣不蔽體，屋不遮雨，陷入貧窮和停滯。這種反常的情況真是應驗盧梭的一句話：「人類的思考狀態是一種反自然的狀態，思考者是一種墮落的動物。」

事情還沒有結束。如果這種理論是正確的，人們運用智慧思考和發明創造的一切，也就是從頭到腳的一切都是應該被咒罵的：包括人們每時每刻的存在本身，人們努力想要利用自然的力量，以小搏大，盡量減少自己

的體力勞動或是服務於他們的那些人的體力勞動，用盡可能少的勞動量，最大限度地獲得可以滿足自己需求的東西。據此，我們必然要得出這樣的結論：這個世界上的每個人都在利用自己的聰明才智讓自己不斷進步，所以人類正在走向墮落。

因此，從統計學上我們就可以肯定，蘭卡斯特①（Lancaster）的居民必然會為了遠離機器，全部跑到愛爾蘭，因為那裡的人們不知道如何使用機器。因此，如果按照這種理論，歷史應該換一種形式發展——野蠻的陰影籠罩文明的新紀元，文明必然繁榮在無知和野蠻的時代。

顯然，這種理論中存在很多令人震驚的自相矛盾之處，希望這可以給我們一些警示：這個問題掩蓋對解決此問題非常重要的因素，然而對於這一點，無人充分地予以揭示。

在所有看得見的東西背後，還隱藏著看不見的東西——這就是秘密的關鍵所在。我以下要做的就是揭開這些看不見的東西，讓讀者看見光背後的影。我的論證只是之前已經說過很多遍的東西的重複，因為這裡的問題其實沒有什麼不同。

我們會發現，人類的天性就是渴望交換，只要不受暴力阻撓，他們就會希望進行交換。也就是說，互相交換某種東西，某種可以滿足自己需求的同等價值的東西，以節省自己的勞動。這種東西是出自能幹的外國製造商之手，還是出自精明的機器製造商之手，都無關緊要。從理論上看，反對人類的這種天性的理由都是一樣的。不管在何種情況下，人們都會指責

---

1. 英國英格蘭西北部城市，主要工業有紡織（主要是合成纖維）、家具、漆布、印刷、印染、釀酒。——譯者注

應用及機器生產的廠主減少工人的工作機會。然而，這種看法其實是荒謬的，機器生產實際上不是使工作機會減少，而是更多地解放人們的勞動，使其可以從事其他工作。

也正是因為這樣，面對外國人和機器的競爭，保護者都會設置同樣暴力的障礙。立法者嚴禁外國產品在本國參與競爭，也不允許機器進行競爭。讓這些立法者不惜壓制所有人的天性、取消他們的自由，還會有什麼原因？在大多數國家，立法者只會禁止一種形式的競爭而對另一種形態的競爭抱怨幾句而已。這只能說明，在這些國家，立法者對自由競爭的打擊不夠持之以恆。

其實，這一點沒有什麼奇怪。在各種錯誤的道路上，我們總會看到這種不能貫徹到底的事情，也幸好如此，否則人類豈不是早就完蛋了。老實說，我們從來沒有看到、也希望永遠不要看到，把某個錯誤的原則貫徹到底。在其他地方，我曾經說：充滿荒謬錯誤的事物，必然是前後不一的。在這裡，我願意再補充一句：前後不一，正是其荒謬性的最好證據。

我們還是回歸正題，繼續談論機器吧，我不想在題外話上浪費太多口舌。

我們假設老好人詹姆斯先生有兩個法郎，這兩個法郎可以讓兩個工人賺走。

但是現在，假定他發明一個省力省時的滑輪裝置。這樣一來，同樣的工作只需要原來一半的時間和一個工人就可以完成。於是，這項工作完成了，老好人詹姆斯先生的需求得到滿足，但是節省一個法郎，少雇傭一個工人。

他少雇傭某個工人，這是我們可以看得見的。

於是，那些只看到這一點的人開始大放厥詞：「看看吧！對渴望走向文明的人類來說，這是一件多麼糟糕的事情啊！有時候，過度的自由對於平等來說，真是致命的威脅啊！一些人費盡心力搞出一個新玩意兒，就會有一個工人永遠地陷入可怕的貧困深淵。有些人可能會辯解，老好人詹姆斯先生還可以再雇傭兩個人為他工作，但是他不可能再給他們每人10個蘇，原因很簡單啊——這兩個工人會互相競爭，最後只能以更低的價格來出賣他們的勞動力。這樣下去，富人就會越來越富，窮人卻會越來越窮。為了正義起見，我們必須改造我們的社會。」

這是一個很好的結論，也是一個前提應該更堅實一些的結論。

讓我們歡呼吧，這裡的前提和結論其實都是錯誤的，因為在可以看得見的那一半現象的背後，還有另一半看不見的東西。

人們忽略的一面是：老好人詹姆斯先生節省下來的一個法郎必然會帶來的輻射效應。

現實中，老好人詹姆斯先生由於巧妙地利用自己的發明創造來滿足自己的需求，不需要再花費兩個法郎只需要花費一個法郎，他的手裡還留下一個法郎的餘錢。如果此時市場上有一個想要找工作的工人無事可做，在另一個地方，也必然有一個人在為他手裡的一個法郎尋找出路。這兩個因素會相遇，然後結合在一起，使得彼此的需求得到滿足。

此時，勞動的供應和需求之間以及工資的供應和需求之間的關係，都沒有任何改變。

現在，以前由兩個工人做的工作將會由發明出來的新技術和那個獲得第一個法郎的工人共同完成。

另一個法郎會由某個角落裡的另一個工人獲得，但他是去做一份新的

工作。

我們的世界會因此發生哪些改變？最起碼的一點是：整個國家的滿足程度提高了。也就是說，新發明簡直是一頓免費的大餐，所有人都可以獲得一種不需要付出任何代價的好處。

有些人可能會根據以上的論證得出以下的結論：「那些貪得無厭的資本家，拿走從機器的發明中獲得的全部好處；那些辛苦工作的勞動者，必須暫時承受機器帶來的痛苦，而且無法從中得到任何好處。因為，根據你以上說的那些話來看，機器的發明只是使勞動階級在全國各個產業中的比例出現調整。好吧，也許這個過程中沒有減少工作機會，但是也沒有增加工作機會。」

我試圖在這篇文章中回答所有的疑問，但這是不可能的。寫作本文的唯一目的，是駁斥一種無知的偏頗見解，因為這種偏見危害很大，而且廣為流傳。我希望證明一點：新機器的發明，可以創造滿足一定數量工人的工作職位，也會創造可以支付他們工資的資金。更重要的是，這些工人和這些錢最終會結合在一起，進而生產在發明之前完全無法想像的東西。由此我們可以得出結論：發明創造的最終結果，就是人們的滿足程度增加，增加的幅度就等於因此而節省下來的勞動力。

這些超額滿足人們需求的東西，最後落到誰的手裡？

我們必須承認，首先是資本家獲得它，是發明者以及那些最早利用這台機器的人獲得它，這份收穫是對他們天才和勇氣的獎賞。寫到這裡，我們已經看清楚這樣的情況：新發明機器的利用，實現生產成本的節省。那些節省下來的錢，不管他怎麼花（反正他總要花出去），總是可以提供就業機會，而且其數量就等於機器節省出來的就業機會。

但是事情很快會發生變化，競爭會迫使他降低其產品的售價，直到無法繼續佔有節省的那些成本。

　　到了這個時候，發明家也不再可以佔有發明創造帶來的好處，受益者變成這種產品的購買者、消費者、公眾，其中也包括工人——簡單一句話，就是所有人。

　　這就是看不見的：節省下來的那些錢，會落到所有消費者的口袋裡，進而形成一筆數額可觀的資金，這筆資金可以轉化為工資，用來雇傭那些被機器淘汰的工人。

　　讓我們回到上述的例子，之前老好人詹姆斯先生要支付兩個工人的薪水才可以得到一件產品，但是現在由於新的發明創造，只要為體力勞動支付一個法郎。

　　假設這件產品也是以同樣的價格出售，與以前相比，現在製造這件產品少雇傭一個工人，這是看得見的；但是節省下來的那個法郎，老好人詹姆斯先生可以用之多雇傭一個工人，這是看不見的。

　　隨著事態自然的發展，老好人詹姆斯先生必須把這件產品的價格降低1法郎，直到他無法再從這件產品上比別人多賺一毛錢。這個時候，他不再可以剩餘一個法郎為國家創造生產新產品的就業機會。但是這個法郎沒有消失，總有一個人或是所有人，得到這筆節省下來的錢。也就是說，不管是誰購買這件產品，都可以為自己省下一個法郎，他必然把節省下來的一個法郎轉變為工資基金，這也是看不見的。

　　為了解答這個問題，人們提出另一個思路，聽起來也像那麼回事。

　　有些人說：「機器的高效率壓縮生產成本，降低產品價格。價格降低必然會刺激消費，消費增加必然會促進生產增加，最後就會使用跟發明

創造之前同樣數量的工人——或是更多工人。」為了加強這種論點的說服力，他們舉出印刷術、紡紗機、印刷機的例子。

但是實際上，這種說法是不科學的。

根據這種說法，我們可能會得出這樣的結論：如果我們正在討論的這種產品的消費額保持不變，機器就會對就業問題產生負面的影響。但是事情不是這樣的。

我們假設在某個國家，所有人都喜歡戴帽子，帽子成為他們生活中必不可少的裝飾品。現在如果使用機器，使帽子的價格便宜一半，這種情況未必會使帽子的銷售量也相應地增加一倍。

如果情況確實是那樣，是否表示全國勞動者之中有一些變得無事可做？如果按照無知的邏輯去推導，我們的答案是：是。如果根據我的理論去推導，答案是：否。因為在這個國家，用來作為工資的資金總量沒有發生變化。我們看到，所有消費者節省下來的錢，如果不是流入帽子加工行業，就會轉變為由於機器高效率工作而節省下來的其他勞動力的工資，進而推動工業取得新的進步和發展。

社會的現實就是這樣，例如：以前的報紙要賣到80個法郎，現在卻只賣48個法郎。毫無疑問，節省下來的32個法郎留在訂閱戶的口袋裡。雖然我們不能肯定地說，這些錢必然會繼續流入新聞行業，但是我們可以肯定的是，這些錢如果不流向這個地方，就會流向另一個地方，事情必然是如此。節省下來的錢更不必擔心沒有花費之處，一個法郎可以買來更多的報紙，另一個法郎可以買來更多的美食，第三個法郎可以買來更好的衣服，第四個法郎可以買來更好的家具。

在一個社會中，各行各業都是緊密相連的，它們交錯縱橫，構成一個

巨大的網絡。在這個網絡中，所有的線都會透過各種明顯的或是不容易察覺的方式連接在一起。一個行業中的節省，有利於所有行業的發展擴張。重要的是，每個人要清楚地認識到：永遠，永遠不要以就業和工資為藉口來干預經濟。

第九章

誰關心阿爾及利亞？

在國民公會上，有四位雄辯家在聲嘶力竭地講述他們的觀點，先是一起呼喊製造聲勢，然後一個接一個地喊話。他們說了什麼？老實說，他們說的確實是一些很美好的東西，讓人們聽了以後感覺愉悅的東西：誇耀法國的實力和偉大，描繪我們廣闊殖民地燦爛的前景，宣揚重新配置我們過剩人口的好處……這些雄辯的演說，最後總是帶著一種誘人的結論：

政府可以在阿爾及利亞[1]（Algeria）修建港口和公路，這樣就可以把我們的殖民者運進那裡，為他們建造房屋，為他們開闢土地。這樣一來，原本壓在法國工人肩上的負擔就可以卸掉一部分，同時也可以促進非洲的就業，增加馬賽（Marseille）的貿易，所有人都可以從中受益。我們要做的，只是撥款5000萬法郎（在撥款數額上，有些人說的多一些，有些人說的少一些）。

在花費5000萬法郎的時候，如果我們只是考慮這些錢的流向，不願意分一些時間出來考慮它們是從何而來的；如果我們只是考慮它們離開稅務官牢固的錢箱而運轉起來以後帶來的好處，不管徵收這些稅款會帶來什麼

---

1. 阿爾及利亞曾經為法國殖民地。1834年，阿爾及利亞被宣布為法國領土；1871年，成為法國的三個省；1905年，阿爾及利亞全部淪為法國殖民地。——譯者注

負面影響，或是不考慮這些錢由於進入政府的錢箱而給納稅人造成損失的問題，我們只能說，確實所有人都在受益。如果總是用這種邏輯這樣考慮問題，所有事情都是有利的。建造在北非伊斯蘭地區的房屋是看得見的，建造在北非沿岸的港口也是看得見的……這些地區創造的就業機會也是看得見的；法國的閒置勞動力在某種程度上減少是看得見的，馬賽地區的商業活動逐漸繁榮也是看得見的。

　　然而，有些東西是這些人沒有看見的：政府出手大方地花掉5000萬法郎，貢獻這筆錢的納稅人就不能再花了。事實上，從各種公共支出帶來的好處中，我們總是可以推論出這種行為妨礙私人支出的全部壞處——有一點還是值得欣慰的，至少我們沒有過分到說老好人詹姆斯先生不在乎他辛苦賺來的卻被稅務官輕鬆拿走的5個法郎——這種說法荒謬到了極點，因為他不辭辛勞地去賺5個法郎，只是因為他渴望用這些錢來獲取某些滿足自己欲望的東西。例如：他原本可以雇人給自己的花園紮上一圈籬笆，現在卻不可能了，這是看不見的；他原本可以雇人給自己的田地施肥除草，現在也辦不到了，這是看不見的；他原本可以為家裡添置一些家具，現在沒有指望了，這是看不見的；他原本可以改善自己的飲食，給自己多買幾件衣服，讓兒子接受更好的教育，給女兒多置辦一些嫁妝……現在他全部做不到，這些是看不見的。於是我們看到：一方面，他被剝奪一些必需品的享受，他日常生活要依賴的東西沒有了；另一方面，他的那筆錢本來可以使他所在村子裡的雜工、木匠、鐵匠、裁縫、教師有更多的工作可以做，現在這些工作機會卻憑空消失，這些是看不見的。

　　阿爾及利亞未來的繁榮景象是美好的，我們的國民應該要認真考慮這一點，這當然沒有問題；但是也要花費心思考慮法國以及法國納稅人必然

要遭受的損失。人們總是樂於向我描述馬賽商業繁榮的前景，但是假如這種繁榮是稅款逐漸培育出來的，我反而寧願指出，國內其他地區的商業將會遭受的損失有多少。他們興奮地說：「想一想吧，運送一個殖民者到北非伊斯蘭地區，可以減輕一些留在法國的人們面臨的人口壓力，增加他們的就業機會。」對此，我會這樣回答：「問題是，我們把這個殖民者運送到阿爾及利亞的時候，是否也要同時送去比他在法國維持生活需要的多出2～3倍的生存資本？」[1]

我這樣反覆地言說的唯一目的，就是希望讀者明白，不管是什麼公共支出，在其表面呈現的許多好處的背後，都隱藏著通常難以發現的壞處。我所有的努力都是為了使讀者養成一種習慣，那就是：在看到看得見的一面的同時，也要仔細地思考洞察看不見的一面，在判斷其可行性之前，對二者進行綜合考量。

因此，如果還是有人提出增加公共支出，我們必須仔細考察它給我們帶來的正面的以及負面的影響，不應該只是考慮其在增加就業機會方面帶來的正面效應，因為很多時候，這個方面的效應只是一種錯誤的幻覺。老實說，公共支出在這個方面可以做到的，私人來投資一樣可以做到，甚至可以做得更好，因此就業機會問題與此完全不相干。

雖然本文的討論範圍不包括評估投入阿爾及利亞的公共支出的內在價值，我還是忍不住要做一些分析。這樣做是很有必要的，因為之前人們沒

---

1. 國防部長最近宣布，把一個人送到阿爾及利亞，要花費國家8000法郎。然而，按照現在的一般標準，我敢說現在一個普通人每年有4000法郎，就可以在法國生活得很好。這樣一來，我很想知道，如果你在帶走一個人的同時，帶走可以供養兩個人的錢，這就是你為法國所做的貢獻？——原注

有對透過稅收進行的公共支出帶來的正面經濟效應做出正確的評價。為什麼？我提出以下的理由：

首先，這樣做有損公平精神。老好人詹姆斯先生辛苦賺來100個蘇，想要用這筆錢來滿足自己的需求，但是現在稅務官出現了，這筆錢被徵收了，他肯定會生氣，至少會說，稅務官把他應得的享受拿走，給了另一個人。拿走別人的錢，那些徵稅的人要給他們一些好聽的理由吧！於是，國家在徵稅以後，總是會用一個俗套的理由安撫納稅人：「用100個蘇，我會創造就業機會，讓某些人有工作可以做，有錢可以拿。」對於這樣的理由，如果老好人詹姆斯先生頭腦清楚，就會回答：「天啊！我本來可以用100個蘇讓別人為我工作！」

國家確實曾經提出以上的理由，也確實有人曾經不客氣地提出這種反駁意見，如此一來，公共財政官員與可憐的詹姆斯先生之間的辯論就會非常簡單。假如國家對他說：「我要從你這裡拿走100個蘇，用來雇傭警察，他可以保障你的生命財產安全；這筆錢也可以用來雇人修築你每天都要走的馬路；也可以用這筆錢來雇傭官員，他可以負責保護你的財產權和自由權；也可以供養軍隊，以保衛我們的邊界安全。」如果是這樣，詹姆斯先生恐怕無話可說，我考慮的那些看不見的東西也派不上用場。但是，如果國家這樣對他說：「我雖然從你這裡拿走100個蘇，但是如果你耕種自己的田地，或是讓你的兒子學習你不想讓他學習的東西，或是讓某位內閣部長在他有100道菜的豪華晚宴上再增加一道菜，我就會獎勵你1個蘇。我也可能拿這筆錢在阿爾及利亞某地修建一些東西，也可能拿更多的錢去養活某個被運送到那裡的殖民者，或是從稅款中抽出一筆錢供養一個士兵保護這個殖民者，再用另一筆錢供養一位將軍領導這些士兵……」我想，老

好人詹姆斯先生一定會憤怒地叫嚷：「這是什麼司法體系？簡直就是強盜法則！」國家也可能會聰明地預見到這些反對的理由，它會怎麼辦？答案是：攪亂一池清水，模糊焦點。它會提出某種對討論問題沒有助益而且老套到讓人生厭的論點，談論100個蘇可以創造多少就業機會；有幾個廚師和商人因為滿足部長們的需求而獲得收入；5個法郎可以養活一個離家萬里的殖民者、一個勇敢的士兵、一位睿智的將軍……總而言之，它對我們講述的，都是那些看得見的東西。這樣一來，老好人詹姆斯先生就會被愚弄，如果他不知道下一步，就要深入研究那些看不見的一面。正是考慮到這一點，我才會反覆地強調，殷切地教導他這種觀察方法。

讓我們認清一個事實吧！公共支出只能重新配置就業機會而無法增加工作職位，因此我們可以得出結論：這種支出的品質是低劣的，效率是奇差的，應該消除這種情況。因為重新配置就業機會就表示使工人的工作位置發生變化，破壞控制人口分布的自然法則。相反地，如果讓5000萬法郎留在納稅人手中，這筆錢均勻配置在全國範圍內，就可以促進法國4萬個市鎮的就業發展。如果確實可以這樣，這筆錢就會成為讓每個人都可以跟他的國家密切聯繫在一起的紐帶，它可以在盡可能多的工人中和所有可以想像到的行業中配置。但是現在，假如國家以稅收的名義拿走民眾的5000萬法郎，並且把這筆錢集中花費在一個地方，毫無疑問，這必然會將其他地方相應數量的工人吸引到這個地方，就業問題暫時解決了，但是如果這筆錢花完了，這些工人就會失去工作，成為無業遊民，同時失去原來的社會地位。我敢打賭，到了那個時候，這些工人的處境就會更艱難。還是讓我們回歸本文的主題吧，現在的情況是：國家這種把所有的錢聚集起來投向一個地方的狂熱舉動，吸引每個人的注意力，這些是看得見的。每個人都

拍手叫好，感嘆國家輕而易舉地解決很多問題。不僅如此，他們要求繼續實施這種經濟活動，並且進一步擴大實施範圍。看不見的是在法國的其他地方，再也無法創造同樣數量的工作職位，而且可能是更有用、更符合國民利益的職位。

第十章

節儉與奢侈

非常遺憾的是，事物看得見的一面掩蓋不容易看見的一面，這種情況不僅僅發生在公共支出問題上。由於對政治經濟學智慧的無視，這種看得見和看不見的現象逐漸形成一種錯誤的道德標準，導致人們經常把道德利益和物質利益看作是對立的。沒有比這個更令人沮喪或是更令人悲傷的！請看：所有的父親，都在教導自己的孩子遵守秩序，勤儉節省，不要隨便花錢；所有的宗教，都在痛斥奢侈無度的行為。表面上看來，以上的說法很好，對我們的生活是有益的。然而，另一方面，我們知道還有一些說法比這些言論更流行：

「過分聚積錢財，會使一個民族的發展陷入停滯。」

「大人物生活得更奢侈，可以使小人物生活得更舒服。」

「紈絝子弟的縱情享樂，毀了自己卻富了國家。」

「仇富是沒有必要的，因為有富人的奢侈浪費，窮人才可以得到麵包。」

　　在上述這些論調中，我們可以很清楚地看到道德觀和經濟觀之間存在不可調和的衝突。很多目光敏銳之士也指出這種衝突，但是讓我無法理解的是：他們在之後仍然可以對此視若無睹！在我看來，沒有什麼比在自己的心中發現這種衝突更令人痛苦的。這樣做不對，那樣做錯誤，非此即彼的二元對立，反正人類總是會墮落——選擇勤儉節省，人類的經濟就會進

入可怕的停滯狀態；選擇揮霍浪費，人類就會滑入道德破產的深淵！

　　我要在這裡指出，以上這些廣為流行的格言對節儉和奢侈的看法是錯誤的，原因是它們只是考慮眼前的、可以看得見的後果，沒有考慮那些遠期的、看不見的效應。以下，我們對這種不完整的看法做一些修正：

　　有一對兄弟——蒙多（Mondor）和阿里斯特（Aristeetd）——平分父親留下的遺產，他們每人每年有5萬法郎的收入。依靠這筆豐厚的遺產，哥哥蒙多過著最時髦的生活，他花錢大方慷慨，其實也可以說是揮霍無度：一年之內更換家具幾次，每個月換一輛新馬車，周圍的人們也把他當作「富豪」、「肥羊」，每天都在想著搞出新奇好玩的東西，以盡快將他那些錢榨乾。總之，他讓巴爾札克（Balzac）和大仲馬（Alexandre Dumas）小說中生活奢靡的主角[1]相形失色。

　　結果，這樣的紈絝子弟被人們吹捧起來，一時之間備受讚譽：「對我們講述蒙多先生的事情吧！多麼偉大的人啊！窮苦人都要感謝他，他是法蘭西的拯救天使。沒錯，蒙多先生的生活確實有些奢華無度，他在街上疾馳的馬車確實濺了行人一身泥水，他的行為雖然不那麼體面，我們甚至可以說他的行為使其本人以及人類的尊嚴受到一些損害……但是又有什麼關係？雖然他沒有透過自己的勤勞而成為對社會有用的人，但是他也透過自己的財富造福於社會。他的消費讓金錢快速地周轉，商人們絡繹不絕地出入他的家中，而且每個商人都是錢包鼓鼓地滿意而歸。金幣本來就是圓

---

1. 巴爾札克和大仲馬都是法國著名作家，他們善於描寫沒落衰敗的貴族階級和暴富的資產階級，筆下多有生活奢侈的人物。——譯者注

的，就是應該轉起來嘛！」

同樣是繼承5萬法郎的財產，弟弟阿里斯特的生活方式卻截然不同：就算他不是一個自我中心主義者（egotist），至少也是個人主義者，因為他花錢的時候總是精打細算，不追求享受，總是考慮自己孩子的未來，他是那種節儉度日的典型代表。

現在，我們來聽聽看其他人怎麼評價他！

「道道地地的守財奴！吝嗇鬼！他這樣生活對社會有什麼好處？我們承認他的簡樸生活很感人，而且他的品格沒有問題，他是仁慈的、善良的，但是要我說，在金錢這件事情上，他太會算計了。他有那麼多錢，卻不願意多拿出一些來消費。看看他的房子吧，既不光彩照人，也不門庭若市。你想，木匠、車匠、馬商、糖果商人會對他有什麼好印象嗎？」

毫無疑問，這些評判對道德倫理來說是有害的。人們會有這種看法，是因為他們只看到一件事情：紈絝子弟的揮霍給商人們帶來多少好處，卻沒有看到另一個事實：節儉度日的兄弟相比揮霍無度者的花銷，其實是同樣多，甚至更多。

我們要相信，自然安排的社會秩序是美好而有序的。政治經濟學與倫理跟萬事萬物一樣，都是在這種秩序中保持和諧一致，它們不可能也不應該是彼此衝突的。因此，阿里斯特的節儉生活的智慧不僅更珍貴，而且比起荒謬的蒙多，社會帶來的益處更多。

我需要解釋一下，這裡所說的可以帶來更多好處，不僅僅是給阿里斯特帶來更多好處，也不僅僅是給社會帶來更多益處，甚至包括可以為這個時代的工人、為當代的產業，帶來更多好處。

想要證明這一點，我們就要思考人們的行動帶來的那些眼睛看不見的

隱蔽後果。

是的，蒙多揮霍金錢的效應是每個人都可以看得見的：每個人都可以看見他駕著各種豪華馬車，例如：華麗的四輪雙座有篷馬車、最新款的雙排座開合式頂篷四輪馬車、四輪敞篷輕便馬車；也可以看見他家天花板上精美的繪畫、他名貴的地毯、他奢華富麗的豪宅；每個人都看到了，他在賽馬中騎著從國外高價購進的純種馬，在巴黎豪宅中舉行讓林蔭道路上的路人顛倒迷醉的宴會……到處都是關於他的傳說：「看看那個出手大方的傢伙，他的錢袋上有一個永遠縫不起來的洞，他簡直花錢如流水。」

但是，宣稱阿里斯特的行為有益於勞動階級，我們卻不容易看清楚。其實，只要花費一些時間來梳理，就可以肯定地說：他的所有收入——注意，我說的是每一分錢——最後都會用來雇傭工人，他的金錢所產生的作用跟蒙多的消費完全相同。兩者之間唯一的區別是：蒙多奢侈浪費的揮霍，必然使其口袋迅速癟下去，最後一分不剩；阿里斯特明智的花錢方式，會使他雇傭工人的數量逐漸地增加，也會給社會提供更多就業機會。

如果你承認這樣的說法確實有道理，就要承認公眾的利益實際上是跟倫理道德和諧一致的。

阿里斯特平均每年為自己和家人的生活花費2萬法郎，如果這樣的花費無法讓他覺得幸福，他就會認為自己昏了頭。對於窮人承受的不幸，他懷有同情，覺得自己有一種道德上的義務，多少也要救濟他們，於是他每年拿出1萬法郎從事慈善活動。除此之外，他的朋友也有可能暫時陷入財政困難，這些朋友可能是商人、製造商、農民。他瞭解他們的處境，也願意在必要的時候幫助他們，在這個方面，他每年要花費1萬法郎。最後，他也會為自己的兒女考慮，自己的女兒需要一副好嫁妝，自己的兒子需要一個

好前程，於是他每年要為此儲蓄或是投資1萬法郎。

因此，以下就是他收入的用途：

（1）生活開銷2萬法郎

（2）慈善活動1萬法郎

（3）幫助朋友1萬法郎

（4）儲蓄或是投資1萬法郎

如果我們仔細考察這些支出項目，就會發現阿里斯特也是將每年所有的收入全部花掉，支持國家的工業發展，一毛錢也沒有剩。

（1）生活開銷。這一點顯而易見，對於各個行業的店主和工匠來說，這些錢的效應跟蒙多花同樣數量的錢產生的效應完全相同，我們不必更多地討論。

（2）慈善活動。撇去道德方面的影響不說，他為這個目的而捐獻的1萬法郎，跟其他同樣數量的錢一樣扶持工業發展。這些善款會透過各種途徑，最終流入麵包師、屠戶、裁縫、家具商手中，只是用這筆錢換來的麵包、肉、衣服、家具，不是要直接滿足阿里斯特的個人需求，而是會滿足那些受惠於捐款的人們的需求。錢全部花出去了，至於消費者是誰，對於整個工業沒有任何影響。同樣100蘇，是由阿里斯特直接消費，還是他捐贈給一個窮人去消費，結果都是完全相同的。

（3）幫助朋友。阿里斯特把一筆錢借給某個需要幫助的朋友，或是慷慨地用這筆錢為朋友舉辦葬禮，這樣做產生的經濟結果跟我們的說法也沒有任何矛盾之處。他的朋友拿到這筆錢以後可以購買商品，或是償還自己的債務。在前一種情況下，這些錢會促進法國工業的發展。誰敢斷言，蒙多用1萬法郎購買一匹純種馬給牧業帶來的好處，大於阿里斯特或是他的

朋友用1萬法郎購買布料給工業帶來的好處？還要指出一點，如果這筆錢是朋友用來償還一筆債務，在這個過程中，將會出現第三個人——債權人，他將會拿到1萬法郎，但是這不會產生任何負面影響，毫無疑問，他也會用這筆錢投資於企業和工廠，或是開發利用某些自然資源，他的出現只是在阿里斯特和工人之間多出一道仲介。錢的所有者是誰無關緊要，重要的是：錢總會花出去，因此也會促進工業發展。

（4）儲蓄。不要忘記，還有1萬法郎被儲蓄起來。正是這一點最容易讓人們質疑阿里斯特，因為從促進藝術和工業發展以及創造就業機會的角度看，蒙多似乎比阿里斯特表現得更好，儘管從道德上說，阿里斯特比蒙多更優越。

如果這種衝突是真實的，如果偉大的自然允許這種衝突存在，我不可能不陷入實在的精神痛苦之中。如果人類淪落到只能在兩者之間做選擇，要麼讓自己的利益遭受損害，要麼讓自己的良心備受折磨，對於人類的前景，我們恐怕就要絕望了，所幸事實並非如此。想要證明阿里斯特的生活方式不僅具有道德上的優越性，同時也具有經濟上的優越性，我們只要明白以下這個令人欣慰的公理即可，這個表面上看起來有些矛盾的公理也是經過檢驗的：儲蓄也是支出。

讓我們看看阿里斯特怎麼儲蓄他的1萬法郎？他是不是跑到自家的花園中挖一個坑，把20萬蘇硬幣埋起來？不，當然不是，這是最愚蠢和不討好的做法，他還想要用之增加自己的資產和收入。因此，他會用這筆暫時閒置不用的錢來購買一塊土地、一棟房子，購買政府債券，購進一家工廠，也可能把它委託給經紀人或是銀行家處理。我們暫且不管這筆錢是用這裡假設的什麼方式處理，你都要承認，這筆錢也會透過買家或是賣家之

手流通，並且最終產生促進工業發展的效果，這跟他的兄弟用這筆錢來購買家具、珠寶、純種馬沒有兩樣。

阿里斯特用1萬法郎購買一塊土地或是一筆債券，是因為他覺得，他不需要消費這筆錢。這一點可能會讓你產生他沒有盡到促進工業發展責任的錯覺。然而，出售這塊土地或是債券的人，最後也會以某種方式花掉他得到的1萬法郎，在這件事情上不會有任何例外。

因此不管怎樣，這筆錢總是會花出去的，區別只是由阿里斯特自己花，還是別人代替他來花而已。

因此，從勞動階級的立場和扶持本國工業的角度看，阿里斯特的行為和蒙多的行為真的差別不大：蒙多的所有支出都是由他自己直接花掉，並且只為滿足自己的欲望，這是看得見的；阿里斯特的消費行為中，有些錢是透過仲介管道花費，中間過程有一些曲折，這是看不見的。然而在實際效果上，對那些受到他們消費活動影響的人來說，看不見的行為產生的效應與看得見的行為產生的效應是完全相等的。可以證明這一點的是：在這兩種情況下，錢都是在經濟系統內周轉，留在弟弟保險箱裡的錢不比留在奢侈浪費的哥哥保險箱裡的錢更多。

因此，那種認為節儉會對工業帶來實際損害的觀點，其實是錯誤的。以促進工業發展而言，節儉和奢侈的最終效果是一樣的。

即使如此，我們還是覺得，這些錢如果不是用於肆意享樂，而是細水長流，對工業的好處會更多，道理何在？

10年的時間很快過去了。蒙多和他的財產以及他廣為傳誦的軼聞，如今安在？所有的輝煌已經煙消雲散，蒙多已經風光不再，不僅無法每年為經濟發展投入5萬法郎，相反地，可能已經開始依靠福利金過日子。他現在

怎麼樣，已經沒有人關心，反正他不再是店主和商人的樂趣所在，也不再被當作是藝術和工業的促進者，對工人也不再有任何用處。更悲慘的是：他對他的子孫也是毫無用處。他大肆揮霍、罔顧後代利益的做法，已經把他們拋置在悲慘生活之中。

同樣是在10年之後，當初被認為是「吝嗇鬼」的阿里斯特不僅繼續將其收入投入到貨幣周轉中，而且每年為社會和經濟發展貢獻的錢還在增加。我們可以看到，他用於支付工人薪水的資金數量每年都在增加，他雇傭的工人越來越多，為勞動階級提供的報酬也越來越多。等到他去世的時候，他的生命已經留下痕跡，這些進步和文明的成果就是最佳見證。

從道德上說，節儉優越於奢侈，這一點沒有任何爭議。令人欣慰的是：從經濟角度來看，節儉也同樣具有優越性，不管是誰，只要他不是只考察事物的直接效應，而是選擇深入探究其深層效應，就會認同這一點。

第十一章

就業的權利
與保證獲取利潤的權利

「兄弟們，把你的錢分一些出來，讓我有工作可以做吧！」這是在要求獲得就業的權利。

「兄弟們，把你的錢分一些出來，讓我也有錢可以賺吧！」這是在要求獲取利潤的權利。

以上所說的，都是依靠那些看得見的效應來維持生命力，如果我們仔細思考那些看不見的效應，其合法性和合理性就會大打折扣。

可以看得見的是：向納稅人徵稅、向社會搜刮錢財，確實創造很多工作機會和利潤；看不見的一面是：如果這些錢被留在納稅人手中，也可以創造很多工作機會和利潤。

在1848年的一段時間裡，就業的權利曾經像一枚硬幣一樣，向公眾顯示其兩面性，這就足以把它毀在公眾輿論手中。

一面被稱為：國有工廠；另一面是：加稅45分[1]。

每一天，都有上百萬人從塞納河兩岸[2]湧入國有工廠工作，這是這枚硬幣美好的一面。

---

1. 二月革命時期實行的一項經濟政策：新政權為了解決失業問題，創辦國有工廠，同時把間接稅率提高45分。但是事實上，這項政策只是一個鬧劇：國有工廠對解決失業產生的作用微乎其微，甚至根本無法運轉。——譯者注
2. 此處指代巴黎。塞納河流經巴黎，把巴黎分為兩個部分，巴黎兩岸由34座橋樑連接在一起。——譯者注

糟糕的是，這枚硬幣還有另一面。如果想要從保險箱中拿出幾百萬法郎，首先要有人貢獻這筆錢。於是，發起「就業權利」這個運動的組織者最後不得不向納稅人伸手。

農民們滿腹委屈：「我必須多繳納45分。因此，我就會失去一件衣服，無法再雇人給我的田地施肥，無法再找人整修我的房子。」

等人雇傭的工匠也是牢騷不停：「我們的雇主沒有錢添置新衣服，所以裁縫的工作就少了；他沒有錢給自己的田地施肥，所以幫工的工作也少了；他沒有錢整修房子，所以木匠和磚瓦匠的工作也少了。」

到這裡，我們已經可以看得很清楚：在一筆買賣中，你無法兩頭獲利。這也證明，由政府掏錢創造工作職位，也要付出代價——納稅人無法再掏錢創造就業機會，這就是就業權利的最終結局。我們可以看到，它既是一種不公平，也是一種不現實的幻想。

然而，獲取利潤的權利說穿了，只是就業權利的一種擴展，但是與後者相比，它卻顯得很有生命力，在當今社會仍然大行其道。

這樣說來，貿易保護主義者讓社會在這件事情中扮演的角色是不是多少有些可恥？

貿易保護主義者蠻橫地對社會說：「你必須為我提供就業機會，不僅如此，還要為我提供有利可圖的工作職位。進入這個行業，是一個愚蠢的選擇，我現在虧損10%。對我來說，我要求有盈利的權利，你也有義務滿足我的要求。事情其實很簡單，如果你對公眾徵收20法郎稅金的時候，給我來個免稅，我就可以轉虧為盈。」

他的這一番詭辯打動了社會，於是在對公眾徵稅的時候，他幸運地成為例外。社會沒有認識到一個問題：那個行業轉虧為盈，不等於它不虧

損，表面的虧損被勾銷，是因為社會中的其他人被迫承擔那個虧損——我覺得，這個社會也活該承擔別人強加給它的這些負擔。

從以上討論的很多問題中，我們也可以看到：如果不瞭解政治經濟學，在面對某個現象的直接效應的時候，很容易被沖昏頭腦；對政治經濟學有足夠瞭解之後，就可以全面地考慮各種效應，權衡利弊。這裡所說的效應，既包括直接的效應，也包括遠期的效應。

如果我願意，還可以找出許多問題進行相同分析。然而，我還是決定到此為止吧，因為道理都是一樣的，一通則百通，反覆論證也無大益。我希望把夏多布里昂[1]（François-René de Chateaubriand）談論歷史的一段話用在政治經濟學上，作為本文的結語：

歷史總是會產生兩種後果：一種是眼前的，幾乎在事件發生的同時就可以認識到；另一種是遠期的，最初可能察覺不到。你會發現這兩種後果經常是互相抵觸的，前者出自我們短視的眼睛，後者需要我們具有思慮深遠的智慧。值得慶幸的是，最終的結果總是合乎人性。在人類的後面站著上帝。可能有些人不願意相信這種智慧的力量，或是直接偷換概念，把普通人稱為天意的東西稱為「環境的力量」或是「理性」。但是，看看那些已經出現的結局：如果一件事情不是起初就建立在道德與公平的基礎上，其結果必然會是南轅北轍，適得其反。（夏多布里昂《墓畔回憶錄》）

---

1. 夏多布里昂，法國作家、法國浪漫主義文學運動的先驅。1814年波旁王朝復辟以後成為貴族院議員，出任外交大臣，其主要著作有《革命史論》、《基督教的真諦》、《關於羅馬帝國崩潰的歷史研究》，最著名的是其累積40年之功力寫成的回憶錄——《墓畔回憶錄》。——譯者注

附錄

爭論與真相

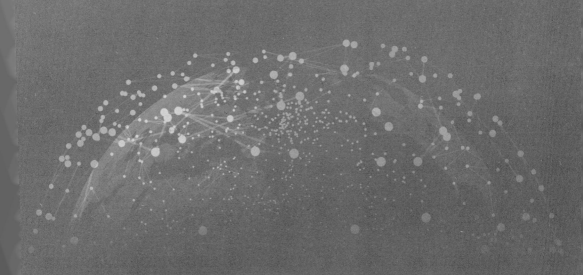

1. 我們的產品包含稅收

　　這其實是無稽之談：有些人提出對進入國內的國外產品進行徵稅，目的是為了使這些產品與在國內生產的同類產品負擔的國內稅收持平。這種說法也是很荒謬的，與我們之前思考的創造同等生產條件的說法，本質上是一樣的。在國內對產品徵稅是一種人為阻力，其後果無異於自然阻力，都會導致價格的上漲。如果產品價格進一步上漲，甚至漲到比同類產品的交換價值更高，就放任這些產品自生自滅吧！從自身利益出發，個人權衡利弊，選擇對自己而言最佳的方案。實際上，我本來可以請讀者參考上文的論述，然而我想要闡述清楚的謬誤卻在各種抱怨和訴求中復活，因為目前這種保護主義的論調得到很多人的擁護，因此我覺得有必要對此做進一步的分析。

　　現在，讓我們來分析對某種產品額外徵稅的情況。我贊成對進口的國外產品徵收相同數目的同種稅收，例如：我覺得免徵進口鹽的稅收是很荒謬的，不是因為法國不對這種產品徵稅導致利益損失而抱持反對態度，正好相反，對進口徵稅是應該的。然而不管怎樣，規律始終是規律，法國取締鹽稅會因此而受益，就像克服任何阻力而獲益是一樣的。不管阻力是自然形成的，還是人為造成的，這些阻力都是為實現財政目標而形成的。財政目標是必須要完成的，如果對在國內銷售的進口鹽免徵稅收，財政部的收入將會減少數十億法郎，為了彌補這個缺口，它會透過增加其他產品的稅收，進而實現財政目標。為了實現某個目標而設置許多阻力，顯然是自

相矛盾的。我覺得比較合理的做法是：徵收其他稅收籌集財政收入進而實現財政目標，對法國自己生產的鹽實行免稅政策。在我看來，關稅存在的唯一的合理理由是：目的不是在於保護國內的產品，而是為了籌集財政收入，才會徵收進口商品的關稅。

但是，如果一個國家只是由於本國稅收的壓力比鄰國的壓力更大，想要透過徵收保護性關稅與鄰國展開競爭，這個國家的做法就是大錯特錯，這也是我原本計畫澄清的謬誤之一。

我已經多次重申，在此僅限於在理論上進行討論，最大限度地揭示保護主義錯誤的根本原因。我們與他們辯論的時候，我就會問：「你們的關稅為什麼主要針對租稅負擔最重的英國和比利時？我把你們的觀點作為藉口是毫不過分的。」但是我不同意宣導保護主義的人們，純粹是出於自利動機，沒有摻雜任何宗教因素。由於保護主義受到太多人的擁護而致使人們看不清它的真面目。如果大多數人信奉自由貿易，我們就應該實行自由貿易。很明顯，徵收關稅是由於自利的動機造成的，但是最關鍵的是：我們真正信奉的是什麼。巴斯卡說：「信念的要件之一是意願。」儘管如此，如果信念中既包含意願又包含私密動機，這個信念就不再是真實的。

現在，讓我們對以國內租稅負擔為前提的謬論進行分析。

一個國家徵收稅金，既可以產生正面作用，也可以產生負面作用。如果國家徵收的稅金是取之於民而用之於民，就可以產生正面作用；如果國家徵收的稅金是取之於民而用之於己，所產生的就是負面作用。

首先，認為徵稅使一個國家的生產條件比免稅國家的生產條件更差，這種說法是錯誤的。雖然我們確實向法院和警察支付2億法郎，但是我們從法院和警察那裡收穫安全保障並且贏得時間。一個人人自保的國家的生產

會更和諧、更興旺，這是無法想像的。雖然我們花費數億法郎來修建高速公路、架設橋樑、鋪設鐵路，但是因此我們才有高速公路、橋樑、鐵路，除非這些設施是為了敷衍了事，否則我們的國家不可能比沒有這些設施的國家更差。雖然，為了擁有這些公共設施，我們需要繳納稅金，但是如果不這樣，就不可能有這些。我們認為這樣做是值得的，也得到事實的證明。同時，這也是我們應該指責對國內產品課徵輕稅，對來自重稅負國家的進口商品課徵關稅的原因。實際上，如果稅款得到合理運用，重稅負國家的狀況不僅不會惡化，反而會使其生產條件得到改善。於是，我們再次看到保護主義違背真理，而且與真理南轅北轍，變成真理的對立面。

由於國內透過徵稅帶來的收入很少，因此可以忽略不計，甚至可以取消。但是最不合理的做法是：徵稅只是為了一己之私而非為了公共目的。事實上，比較合理的做法是：改變這種狀況！因為國家向我們徵收的稅金已經太多了，因此「己所不欲，勿施於人」，沒有必要對別人橫徵暴斂。

儘管保護性關稅是向進口商品徵收，可是最終還是會轉嫁到國內的消費者身上，真正的納稅人是消費者。如果直接告訴他們，會讓他們覺得很荒謬：「由於你的稅負繁重，因此你購買的所有商品的價格都會提高。由於徵稅，你的一部分收入交給國家，還有一部分應該讓壟斷者拿走。」

讓我們對這個謬論進行深入討論，儘管這個謬誤非常奇怪，但是很多立法者對此深信不疑，他們支持非生產性的稅收（這是以此假說為基礎推導出來的），而且魚目混珠，把為了保護弱勢產業而徵收的稅金和限制條件與籌集資金方式相提並論。

很明顯，如果稅收是以國家的名義直接徵收，並且以補助的形式進行分配來保護特定產業，無論如何，保護主義都不會改旗易幟。

假設在法國的鋼鐵市場上，外國鋼鐵以不低於8法郎的價格出售，法國自己生產的鋼鐵售價不低於12法郎。

依據這個假設條件，為了使法國生產者在國內擁有市場，法國政府有兩種方式可以做到：

第一種方式是對進口的外國鋼鐵徵收5法郎的關稅。很明顯，這等於不讓外國鋼鐵在本國市場立足，因為在這樣的情況下，進口的外國鋼鐵在國內市場的售價不能少於13法郎（8法郎用來保本，5法郎支付稅金），法國生產鋼鐵的售價只有12法郎，外國鋼鐵就會被國產鋼鐵驅逐出法國市場。如此一來，採取這種保護措施的全部成本將會由購買者或是消費者承擔。

第二種方式是國家向公眾徵收5法郎的稅款，專門對鋼鐵生產商進行補助。其實，這兩種保護措施會產生相同結果。在這種情況下，進口的外國鋼鐵仍然無法進入法國市場，因為此時法國鋼鐵的生產受到政府5法郎的補助，其售價就會由原先的12法郎變為7法郎，外國鋼鐵的售價為8法郎，外國鋼鐵依然無法在此立足。

這兩種方式目的一樣、結果一樣，在我看來，只有一樣是不同的：在第一種方式下，只有一些人負擔保護成本，但是在第二種方式下，保護成本由全體納稅人負擔。

以我個人而言，我更傾向於用第二種方式。我認為這種方式更公平、更經濟、更誠實：說它更公平，是因為假如一個國家要對一些人進行補助，應該是每個人都有責任；說它更經濟，是因為這種方式可以節省若干成本，而且可以消除各種限制；說它更誠實，是因為公眾可以非常清楚地

看到這種措施的目的。

如果保護主義者採納第二種方式，聽到人們這樣說，我們一定會忍俊不禁：「我們的租稅負擔很重，為了養活軍隊、法院，建設公共設施、公立學校，償還國債，總共有10多億法郎。為了國家利益，為了幫助那些可憐的生產商、可憐的昂贊公司①股東、走霉運的林地主人和鱈魚捕撈者，還要我們再負擔10億法郎。」

如果你進行周密的思考，就會相信這就是我想盡辦法要揭露的謬論。先生，你儘管為所欲為吧！如果你不從別人那裡拿錢，就不會有錢給這些人；如果你固執己見地榨乾納稅人，就請便吧！但是你不要認為納稅人是傻瓜，會相信你說的：「錢財取之於你，用之於你。」

這個謬論指導下的行為實在是太多了，我在此著重強調其中的三點。

也許你會認為，由於法國租稅負擔過重，所以有必要對一些產業進行保護。然而，無論是實施保護還是不實施保護，我們負擔的稅金不會減少一分錢。假如一個特定產業的代言人說：「由於我們繳納稅金，致使我們的生產成本提高，因此我們要求徵收保護性關稅，以使國外產品與國內產品的價格持平。」這樣做沒有解決任何問題，只是把租稅負擔轉移到其他國家。這樣做的實質，是以產品價格的提升（總額為這個產業的稅收）為代價換取產業的復興。稅金收入的最終流向是國庫，漲價的最終承擔者還是公眾，他們必須負擔自己應該承擔的稅金比例，而且這個產業的應納稅額也會落到他們身上。但是此時你會說，這樣做使得每個人都會受到保

---

1. 昂贊公司是當時一家著名的法國公司，以開採法國東北部煤礦為主要業務。——譯者注

護。這種想法是荒謬的，這是不可能的，即使是可能的，補助優勢從哪裡來？其最終結果只會是我付給你、你付給我，終究還是要繳納稅金。

如此一來，你就會變為空想的犧牲品。你為了擁有軍隊、教堂、公立學校、法院、高速公路而向公眾徵稅，同時又免除許多產業的稅金，千方百計將這些負擔轉移到公眾身上。假如你可以證明保護主義帶來的價格上漲是由外國貿易商承擔，也許我還會認為你的觀點有一些合理之處。然而，假如一項法律不管在實施以前還是在實施以後，法國納稅人都要繳納稅金並且承擔關稅，這樣的法律是毫無用處的。

做進一步分析，就會得出以下的結論：如果國內產品的租稅負擔越重，越有必要敞開國門把稅負比較輕的外國產品引入國內市場。原因何在？因為這樣做可以把大部分的租稅負擔轉嫁到這些產品上。在政治經濟學中，難道把稅金最終落到消費者身上不是毋庸置疑的公理嗎？所以，國際貿易擴張的速度越快，國外消費者負擔的包含在出口產品中的稅金就會越多。按照我們的假設，進口商品包含的稅金比國內產品更少，如此說來，我們負擔的進口商品包含的稅金會少很多。

最後，你認為實行保護主義制度課徵重稅的理由是合理的，此時難道你沒有想過這些理由是制度本身造成的嗎？我很希望有人可以明確地告訴我，假如貿易是自由的，供養這麼多軍隊做什麼……但是話說回來，這與我們無關，這是屬於政治家的事情。

請各位保持清醒，不要犯迷糊，這跟我們沒有任何關係。

2. 無用的鐵路

我曾經說，正如已經發生的不幸那樣，只要出發點是生產者單方面的利益，就會與整體利益產生衝突，因為生產者認為，需求就是阻力、願望、努力三個方面綜合作用的產物。

在波爾多的新聞報紙上，我看到一篇文章，曾經對這個觀點進行出色的闡釋。

西米爾特[1]提出以下的問題：

從巴黎到西班牙的鐵路運輸是否應該在波爾多停靠？

他給出的是肯定的答案，並且為此列舉許多理由，如下所示：

從巴黎到巴約納的鐵路運輸應該在波爾多停靠，因為假如有貨物和旅客迫不得已在這個城市滯留，就會使這裡的船主、搬運工、旅店老闆獲得好處。

這再次向我們展現生產者的利益怎樣凌駕於消費者的利益之上。

然而，如果波爾多擁有從鐵路運輸停靠中獲得利益的權利，而且這個

---

1. 即這篇文章的作者。——譯者注

利益不與公眾的利益衝突,安古蘭、普瓦捷、都爾、奧爾良,事實上全部的中間城市,包括呂費克、沙泰勒羅都應該提出安排停靠的要求,這樣有利於增進整體利益(事實上是國內產業利益)。因為在沿線停靠得越多,向沿線停靠城市的倉儲、搬運工、貨車司機支付的金錢就會越多。這樣一來,我們的鐵路運輸路線就會由沿線各個停靠點構成,就會變成一條無用的鐵路。

無論保護主義者給出怎樣的解釋,無可辯駁的是,限制的基本原則與鐵路沿線設置停靠點的道理別無二致,其結果都是生產者受益、消費者受損,異曲同工。

3. 名為補助，實則搶劫

這本書給人們的感覺就是理論性太強、學術氣息太重。這樣吧，讓我們從普通的、細微的地方加以分析，假如有必要，我也會盡量運用更平民化的行文風格。由於公眾已經堅信保護主義政策，我始終把揭示被掩蓋的真相作為自己的職責。但是，如果不對公眾進行當頭棒喝，他們不會醒悟，所以我們必須大聲吶喊：

邁達斯，邁達斯國王，他擁有一對驢耳朵！

真是一針見血，滔滔不絕的雄辯比不上一席平常的話語產生的效果。你對奧隆特應該有些瞭解吧，一個不折不扣的憤世嫉俗者真的無法使奧隆特相信自己的所作所為是愚蠢的行為。

憤世嫉俗者：一個人在不經意之間，就會使自己變得愚蠢至極。

奧隆特：你說這種話是不是想要告訴我，我要做的什麼事情有些不適當？

憤世嫉俗者：我不是這個意思。

可是⋯⋯

奧隆特：我寫得真的很差勁嗎？

憤世嫉俗者：我也不是這個意思。但是不管怎麼說⋯⋯

奧隆特：我是否可以從我的十四行詩中找到一些可取之處？

憤世嫉俗者：坦白說吧，你應該做的是把它藏起來，並且遺忘這件事情。[1]

坦白地說，親愛的朋友們，你們遭到搶劫了。這種說法確實有些冒昧，但是至少可以把事情表達得很清楚。

大多數人看到搶劫、實施搶劫、強盜等與之相似的字眼，就會覺得不舒服。我想要問他們，就像阿爾巴貢問愛麗絲一樣：「你恐懼的是這個詞語，還是這件事情？」[2]

「不管什麼人，只要透過欺騙等手段佔有別人的財物，就會構成搶劫罪。」（《刑法典》第379條）

實施搶劫的定義為：透過偷竊或是暴力，佔有別人的財物。（《法國學術詞典》）

強盜：索取的大於應得的。（我定義的）

壟斷者透過自己制定的法律，強迫我以20法郎的價格，從他那裡購買在其他地方以15法郎就可以買到的商品，難道這不算是透過詐欺途徑從我這裡拿走5法郎嗎？

他們難道不是利用竊盜或是暴力手段佔有我的5法郎嗎？

他們索取的難道不是大於他們應得的嗎？

他們確實拿了，也確實是這樣據為己有；他們確實索取的更多；然而，竊盜或是暴力這兩個強盜的特徵卻未必完全符合。

---

1. 節選自法國戲劇家莫里哀的《憤世者》中的一幕。——譯者注
2. 節選自莫里哀的《吝嗇鬼》。——譯者注

壟斷者從我們繳納的稅金中以補助的形式拿走5法郎，並且據為己有或是強行索取的時候，與竊盜相比，這種行徑可謂有過之而無不及，沒有被矇蔽的又有幾人？對那些未受矇蔽的人來說，他們表示拒絕的時候，門外就會站著警察。這與暴力手段相比，難道不是有過之而無不及嗎？

　　此外，壟斷者從來不必擔心自己觸犯法律。表面上的目的是補助或是關稅，實質上是不折不扣的搶劫。與土匪惡霸有什麼分別，但是他們不會觸犯法律，簡直就是按照法律的規定進行明搶。事實上，這種性質更惡劣，但是法官卻對此放任自流。

　　此外，無論是否願意，從這個角度來說，我們擔任搶劫者和被搶劫者的角色。就算是這段文字的作者，也會在買東西的時候大喊：「抓賊啊！」但是他對外出售東西的時候，購買者也會向他大喊：「抓賊啊！」如果他和其他人存在不同之處，就是在這場遊戲中，他得到的多於他失去的，其他人對此卻一無所知。如果每個人都十分明白，這個遊戲就不會進行下去，很快就會結束。

　　第一個對這個現實做出正確判斷的人不是我，以下是亞當‧斯密[1]在

1.　亞當‧斯密（Adam Smith）是英國古典政治經濟學的主要代表人物之一，他提出自由主義經濟理論，反對國家干預經濟，促進資本主義經濟的發展。《國民財富的性質和原因的研究》（簡稱《國富論》）一書是他最具影響力的著作，這本書對於經濟學領域的創立有極大貢獻，使經濟學成為一門獨立的學科。《國富論》一書的重點之一就是自由市場，自由市場表面上看似混亂而毫無拘束，實際上卻是由一雙被稱為「看不見的手」（invisible hand 無形之手）指引，將會引導市場生產正確的產品數量和種類。但是如果自由競爭受到阻礙，那雙「無形的手」就不會把工作做得恰到好處。因此，亞當‧斯密相信自由貿易，為堅決反對高關稅而申辯。事實上，他堅決反對政府對商業和自由市場的干涉，他認為這樣的干涉會降低經濟效率，最終使民眾付出比較高的代價。——譯者注

六十多年以前曾經說過的一段話：

就算是為了消遣或是娛樂，做同類生意的人也很少聚集在一起。但是為了謀劃怎樣對付公眾，或是精心策劃提高價格的時候，他們就會不由自主地聚集在一起。[①]

這是否出乎人們的意料，但是公眾竟然對此不以為意？

假定建立企業家委員會，並且召開會議制定政策，會議是如何進行的？有什麼實質性的結果？達成哪些共識？

在這裡，對這次會議的片段進行簡明扼要的敘述。

某船主甲：我們的海運貿易面臨十分嚴峻的形勢（義憤填膺地喊著）。這也是屢見不鮮的！沒有鋼鐵，我們用什麼來造船？在世界市場上，我找到售價為10法郎的充足貨源，但是按照法律，我只能以15法郎的價格，從法國鋼鐵商那裡購買鋼鐵。我希望可以擁有自主決定到哪裡購買鋼鐵的權利。

某鋼鐵商：在世界市場上，我應該支付20法郎的運費。按照法律的規定，船主向我索要30法郎，因此他從我這裡拿走10法郎。這就是說，搶走我的錢，我也從他那裡搶錢，事情原本就是這樣的。

某政客：船主說的話非常不明智。無論在什麼情況下，我們都要保持，團結就是力量。即使我們在一個微不足道的問題上對保護主義理論提出質疑，整個理論體系也會在頃刻之間崩塌。

---

1. 節選自亞當·斯密的《國富論》，第十章，第二部分。——譯者注

某船主甲：然而，保護主義讓我們無法維持生計。我再重申一遍，我們的海運業務面臨滅頂之災。

某船長：很容易解決！我們可以把附加稅提高，把船主向人們收取的運費從30法郎增加到40法郎，就可以高枕無憂。

某內閣大臣：政府會對附加稅這個絕佳的機制加以充分利用，但是恐怕即使加徵稅金還是無濟於事。

某政府官員：這點小事就把你們難倒了。難道除了關稅以外，沒有其他方法嗎？你們不會忘記稅收了吧？也許消費者不小氣，納稅人也很慷慨。如果向納稅人徵收重稅，船主的要求應該可以得到滿足。我建議，使用1公斤的鋼鐵，就要從公共財政中撥付5法郎給造船廠。

混雜的聲音：支持這個建議！支持這個建議！

某農民：一百公斤小麥，給我補助3法郎！

某紡織廠廠商：一公尺布，給我補助2法郎！

主席：我們已經達成共識，這次會議的結果就是補助制度的制定，這是這次會議的卓越成就。企業怎麼會虧損？現在，我們不是運用關稅和補助這兩種如此簡單的手段，就可以扭轉虧損的局面嗎？散會。」

在夢中，我得到某種超自然的知覺，因此我可以預感到，或許要實行補助制度（又有誰知道，我甚至預先向迪潘①提出這個想法？）。就在不久之前，我寫下以下這段文字：

---

1. 迪潘，即法國著名作家喬治‧桑（1804—1876），有「法蘭西的莎士比亞」之譽，為後世留下大量書簡和政論文章。——譯者注

很明顯，假如貿易保護主義的實現形式是由國家直接徵稅，然後再以補助的形式向特權企業分配並且用於賠償，無論是貿易保護主義的實質還是結果，都不會發生任何改變。

接下來，在比較保護性關稅和補助以後，我繼續寫道：

我承認，補助制度是我更偏愛的。我認為，這個制度更公平、更經濟、更誠實。如果社會要對其中一些成員給予補助，所有人都應該為此分擔一些，所以說它更公平；在這種制度下，一筆徵收費用可以節省下來，許多限制性措施也會得以撤銷，所以說它更經濟；最後，公眾可以清楚地看到整個運作過程，明白這樣做的目的，所以說它更誠實。

讓我們對這個名為補助實為搶劫的制度進行深入的研究，因為目前正是一個對此進行討論的好機會。對於那些名為關稅實為掠奪的制度來說，這裡得出的結論也同樣適用，儘管後者進行更巧妙的偽裝，但是如果對明搶制度有清楚的認識，我們更容易識破暗搶制度。因此，此項研究由易到難、由簡入繁地逐步展開。

然而，是否存在更直接的掠奪方式？沒錯，車匪路霸就是其中的一種，只要合法化或是取得壟斷地位，或是有組織進行——這是現在他們的行話——就沒有問題了。

以下的文字，是我在一本旅遊的相關書籍中看到的一段話：

我們來到某個國家，這個國家的各行各業都在抱怨自己所處的境地是多麼令人失望。農民悲泣自己的生活，製造商滿腹牢騷，商人在聯合抵

制，船主怨聲一片，政府官員不知所措，不知道聽誰的話才是對的。首先，政府計畫向這些不滿的人徵收重稅，在扣除一部分留作己用之後，在這些人之中將稅金收入進行分配，分配方式就是在西班牙非常流行的抽彩給獎法。假如這個國家的人口為1000，國家從每個人那裡拿走1披索[1]，自己卻扣下250披索，把剩下的750披索分為大小不等的比例分給參與者。這些受到尊敬的人得到0.75披索的時候，忘記自己曾經為此付出1披索，欣喜若狂地到酒館消費15雷亞爾[2]。這種情形和法國有些相似。如此一來，儘管這個國家沒有步入文明社會的大門，可是政府不會認為民眾都是如此愚笨，會對這種怪異的保護方式深信不疑，因此就會出現第二種方案。

這個國家的公路交通四通八達，政府對這些公路進行細緻的丈量和界定，然後對農民說：「無論你們採用偷盜還是搶奪的方式取得的財物，只要在你們的管轄範圍內，都可以作為你們的補助、你們的保護、你們的激勵。」同時，給每個製造商和船主分配一個可以搶劫的路段，許可證可以採用以下的格式：

茲授予你在本段路途中進行

偷竊

搶劫

---

1. 披索（peso）是一種貨幣單位，主要在前西班牙殖民地國家使用。有些國家曾經使用披索作為本國貨幣的名稱，但是因為通貨膨脹等原因，現在已經不再使用。然而在這些國家（例如：玻利維亞），在日常生活中談到貨物價格的時候，仍然經常使用披索一詞。——譯者注
2. 一種銀幣，面額小於披索。——譯者注

盜取

詐欺

騙取的權利

不受處罰

　　事情原本就是如此，如今這個國家的國民對這個制度已經不陌生，他們關心的是自己偷到什麼東西，對自己被別人偷走什麼卻不關心。他們只是站在掠奪者的立場上看待掠奪，以為國家的整體利益就是把個人的掠奪所得相加，而且他們拒絕廢除保護制度，因為在他們看來，沒有一個國內的產業部門可以做到獨當一面。

　　這是否會讓你無法相信？你抗議，然而這不是不可能的，對於依靠國民之間的相互掠奪來保證國家財富增長的局面，整個國家卻感到很滿足。

　　為什麼不可以相信？這種觀點已經被法國全盤接受，而且對於補助和以保護性關稅為名義的掠奪方法，還在進行進一步的設計和完善。

　　此外，我們不要言過其實。有一點，我們還是可以取得共識，那就是：從國家籌資的方式及其帶來的影響來看，某個國家的制度也許不如法國的制度，然而我們必須要知道，這些方式的本質和結果之間沒有很大的差別，這些方式都是各個產業在法律允許的範圍內，得到附加利益的掠奪行為。

　　我們還要知道，假如車匪路霸這種罪惡行徑會讓人們產生不良情緒，相比之下，在關稅的名義下進行搶劫的這種方式顯得比較好，也比較文明。

　　例如：很難在生產者之間平均分割獲得的收益，關稅同樣如此。由於其本質就是這樣，因此導致某些社會中的階層，例如：工匠、商人、文

人、軍人，根本無法受到保護。

　　確實，對於補助式掠奪來說，收益無限細分的問題也同樣存在，從這一點來看，這似乎與攔路搶劫差不多。而且，這種方式也會有一些缺陷，可能會導致荒謬的後果，民眾對此也不會感到滿意。強盜的所得正是車匪路霸的受害者的所失，至少遭到搶劫的財務仍然在國內。然而，在以補助為形式的掠奪制度下，從法國透過稅收手段徵收的所得，通常會補助霍屯督人、卡菲勒人、阿爾岡昆人。

　　假設一匹布在波爾多的價值為100法郎，不可能虧本出售，也不會有人花費更多錢來購買，由於銷售商之間存在競爭，其價格沒有提高的可能性。在這種情況下，如果一個法國人想要購買一匹布，要麼支付100法郎，要麼選擇放棄。但是假如由一個英國人來購買這匹布，政府就會介入其中，並且對商人說：「你出售這匹布，我會課徵20法郎的稅金，作為你的補助。」商人從來沒有想過也不可能獲得比100法郎更多的錢，所以他以80法郎的價格，把這匹布出售給英國人。商人得到補助式掠奪的20法郎之後，其所得的數額依然沒有變化。所以，其結果就像是納稅人給英國人20法郎，其實現方式就是英國人向商人買布的時候獲得20法郎的折扣，比我們購買的時候降低20法郎。於是，補助式掠奪具有一個特徵：強盜遍布世界各地，受害人卻在一個國家集中受到掠奪。

　　令人百思不得其解的是：人們卻依然堅持認為，個人從別人那裡盜取的所有財務都可以視為總收益，認為這是既定的事實。儘管那種點石成金的白日夢已經遠離人們多時，人們再也不會想入非非，然而以掠奪的方式實現進步的理論，依然得到很多人的支持。但是從事實方面來看，這個理論真是幼稚之極，沒有任何可行性。

有些人向我們提問：「你們支持放任自由的政策？你們是深受斯密或是賽伊的舊式學院派影響的經濟學家吧？這就是你們為什麼會反對產業規劃吧？」好吧，先生們，你們隨便對產業做出規劃吧！然而，我們要隨時提高警惕，防備你們規劃掠奪。」

　　還有其他人不斷地說：「補助和關稅被肆無忌憚地濫用，必須把它們進行具體化，防止濫用的發生。對於一個謹慎明智而審時度勢的人來說，他主張的應該是對自由貿易與保護主義進行折衷，我們必須謹慎使用絕對原理。」

　　用西班牙旅遊者的話來評論，這種論調就是「車匪路霸」。這個聰明人是這樣說的：「其本身無所謂好壞之分，要根據實際情況才可以做出判斷。盡量使事物之間保持均衡，並且使政府為維持這樣的均衡付出的勞動得到可觀的回報，這才是我們需要做的。搶劫行為或許被過度縱容，或許沒有得到足夠的授權。讓我們進行仔細考察和審視，讓我們衡量每個工人的得與失。那些無法得到充足收益的人，我們應該提供他們可以搶劫的更長路段；那些得到過多收益的人，我們應該對他們實施搶劫的時間長短做出限制。」

　　抱持這種想法的人，自認為是謹慎而明智的。最終，他們都會位高權重，身居要職。

　　那些抱持以下觀點的人：「讓我們消除所有不公平，因為世界上不存在所謂的部分公平；讓我們聯合起來抵制掠奪，因為部分掠奪或是半掠奪也是不存在的。」這些人傳播的觀點被認為是異端邪說，他們被認為是令人厭惡的夢想家，永不停息地重複相同的事情。其實，人們可以看到，這些都是通俗易懂的論點，怎麼會有人對如此簡單的道理信以為真？

4. 高價格與低價格

在這裡，向讀者說明某些評論中對高價格和低價格產生的誤解，我認為是十分必要的。我瞭解到，初看起來，人們會認為這是非常深奧的評論。然而，問題的關鍵不是在於它們是否很深奧，而是在於他們抱持的觀點是否正確。在我看來，不能說完全正確，但是可以使一些人（為數不少的人）產生顧慮，使他們對貿易保護主義的功效深信不疑。

對支持自由貿易、反對保護主義的原因進行說明的時候，我們必須使用以下兩個概念進行分析：高價格和低價格。自由貿易站在消費者的立場上支持低價格，保護主義站在生產者的立場上支持高價格。有些人從中間立場出發，認為：「生產者和消費者實際上是同一個人」，所以很難從法律上確定其目標應該是高價格還是低價格。

在這種兩難的境地中，法律唯一可以做的就是讓價格自然形成，但是自由放任思想的死敵會對此大加反對。他們全然不顧後果如何，主張用法律的手段進行干預。但是不管怎樣，堅持透過法律干預的手段形成高價格或是低價格的人，有責任對干預的依據做出合理的解釋，而且應該由他們進行證明其是否成立。因此，這就表示直到可以證實相反的情況，自由貿易的優點不言而喻，因為自由貿易認為價格應該自然形成。

但是形勢急轉直下，支持高價格的人順利實施自己的主張，現在應該由贊成自然價格的人對自然價格的優勢做出解釋。有兩個名詞，爭論雙方都曾經提及，因此瞭解這兩個名詞的確切含義就顯得十分必要。

但是我們必須注意到，兩個陣營中的鬥士們會因為許多事例而倍感窘迫。

為了提高價格，保護主義者開始徵收保護性關稅。然而，令他們意想不到的是：價格不僅沒有上升，反而下降了。

為了降低價格，自由貿易者成功地將自己的主張付諸實施。然而，令他們瞠目結舌的是：價格不僅沒有下降，反而上升了。

例如：法國為了保護農業，對進口羊毛徵收20％的關稅，但是事與願違，法國國內羊毛的銷售價格隨即下降到比徵收關稅之前更低的水平。

在英國，為了保護消費者的利益，降低並且最終取消羊毛關稅，但是英國羊毛的銷售價格隨即提高到比實施關稅政策以前更高的水平。

其實，這些事件之間並非完全獨立、毫不相關，因為所有商品價格的升降都會遵循一般價格規律，羊毛價格也不能例外。在同等的條件下，會產生相同的結果。令人意想不到的是：保護性關稅在很大程度上會使商品價格下跌，競爭卻會導致商品價格上漲。

於是，爭論進入混戰時期，保護主義者對反對者說：「正是我們的制度，使你們承諾的低價格得以實現！」後者也不會甘拜下風：「正是自由貿易，實現你們誇耀的高價格！」

霍特維利街透過這種方式實現低價格，卻在舒瓦瑟爾街實現高價格？

很明顯，這一切出了差錯，是一種假象，亟須澄清，這正是我現在試圖要做的。

假定存在兩個孤立的國家，每個國家的居民有100萬。假設其他條件相同，其中一個國家擁有的所有物品（包括小麥、肉、鋼鐵、家具、燃料、書籍、衣物）是另一個國家的兩倍。很明顯，這個國家比另一個國家

富有一倍。

　　但是，不能因此斷言這兩個國家擁有物品的貨幣價格絕對不同，富國的物價水準或許更高。例如：在美國，其全部商品的名義價格高於波蘭，但可以肯定的是：美國人在各個方面比波蘭富足。衡量國家是否富裕的標準，不是商品的貨幣價格的高低，而是商品的富裕程度。所以，假如我們把保護主義與自由貿易進行比較，不是看哪一個帶來高價格或是低價格，而是看哪一個帶來富足，哪一個導致匱乏。

　　因為我們不得不指出，產品進行交換之後，與產品的貨幣價格相關的是產品的相對豐裕和相對稀缺程度，而不是兩個國家居民的富裕程度。

　　讓我們對這個問題進行深入的分析：

　　增加或是減少關稅造成的結果，經常與人們的設想南轅北轍：增加關稅會導致價格下降，減少關稅會導致價格上漲。從政治經濟學的角度來解釋這種違反常理的現象，就顯得十分必要。毋庸置疑，如實地描述各種事件並且給出正確合理的解釋，才是實至名歸的科學應該做的。

　　對於我們討論的這種情形來說，具有說服力的解釋是：導致高價格的原因一定有兩個，而不僅僅是一個。

　　對於低價格來說，也是這樣的情況。

　　政治經濟學的一個不容置疑的規律是：決定商品價格的是商品的供需狀況。

　　因此，有兩個因素會對價格造成影響：供給與需求。這兩個因素處於不斷變化之中，有時候產生相同的作用，有時候產生相反的作用。兩種情形下，都存在很大的不確定性。所以，價格是這兩個因素相互作用的綜合結果。

供給的減少或是需求的增加，都可能會導致價格的上漲。

供給的增加或是需求的減少，都可能會導致價格的下降。

因此，高價格和低價格都有兩種類型。

以高價格來說，比較差的情形是供給減少型，因為這樣表示稀缺和貧困（今年小麥的行情就是屬於這種類型）；以高價格來說，比較好的情形是需求增加型，因為這樣表示整體福利程度的提升。

同樣的道理，由於充分的供給而帶來的低價格是人們希望的，但是因為消費者生活拮据而需求減少導致的低價格是令人痛苦的。

現在，讓我們考察保護主義政策造成的後果——比較差的高價格和比較差的低價格：比較差的高價格，因為貨物的供給減少，這也是他們公開主張的目標；比較差的低價格，因為貨物的需求減少，資本和勞動就會做出非理性的選擇，消費者的負擔因為實施稅收和限制措施而變得更重。

所以，對於價格來說，這兩種趨勢產生的影響相互抵消，這也是從長期來看，為什麼這個同時限制需求和供給的制度，最終無法實現其提高價格的目標的原因。

但是對公眾的整體福利條件來說，這兩種趨勢產生的影響無法相互抵消，而是共同作用，使人們的生活條件不斷惡化。

自由貿易會產生完全相反的結果，其結果或許也無法成功地使價格下降，因為其中也存在兩種趨勢：一種是人們希望的由供給增加而帶來的價格下降，即增加富足的程度；另一種是需求的增加帶來的令人愉悅的價格上漲，例如：收入程度普遍提高。對於貨幣價格來說，這兩種趨勢也是相互抵消的，但是兩者都會對人們的整體生活福利產生促進作用。

總而言之，實施貿易保護主義政策會使國家陷入衰退狀態，會使供給與需求疲乏無力。實施自由貿易制度會使國家步入繁榮，會使供給與需求非常旺盛，但是不會必然導致貨幣價格的波動。貨幣價格不能作為衡量國家富裕程度的標準，因為無論社會陷入貧困還是高度繁榮，價格都有可能穩如泰山。

以下的評論，或許可以一語中的地說明這個觀點：

法國南部的農民對於對付秘魯很有信心，因為他們用關稅把外國的競爭者拒之門外。儘管他們還是像約伯[1]一樣家徒四壁，但是他們堅信在保護主義制度下，他們遲早會變得富有。在這種情況下，假如用歐迪委員會[2]給他們提出一個問題：「你是否願意參與國際競爭——願意還是不願意？」他們的第一反應是：「不願意！」據此，歐迪委員會自豪地宣稱他們的觀點受到公眾的普遍贊同。

但是，應該更深入地對這件事情進行討論。毫無疑問，外國競爭（事實上是所有競爭）總是讓人們感到不愉快。如果某個產業部門可以擺脫激烈的競爭，在一定時期內，這個部門就可以獲得豐厚的利潤。

然而，保護不是孤立的特權，而是一項制度。如果用來保護農民的利益，就會造成穀物和肉類的短缺；如果用來保護其他生產者的利益，就會造成鋼鐵、布匹、燃料、工具的短缺，最終會造成所有物品的短缺。

---

1. 約伯，《聖經》中的人物。約伯是上帝的忠實僕人，以虔誠和忍耐著稱。——譯者注
2. 保護國內產業的委員會，巴黎商會主席、議員、法國貴族安東尼·歐迪（1776—1853）是其領導人之一。——譯者注

如果由於供給減少而使小麥短缺並且因此造成價格上漲，用於換取小麥的其他商品的短缺就會造成對小麥的需求減少，進而使小麥的價格下降，所以從長期來看，小麥的價格是否會比自由貿易制度下的價格高出1分，還不能確定。但是由於整個國家擁有的商品減少，人們可以得到的商品總量不如以前多，這是確定的。

　　農民應該問自己：只要民眾擁有財富，有能力購買並且消費各種農產品，從國外進口一些小麥或是家畜，是否會對自己更有利？

　　假設法國有一個地方，人們衣不蔽體、食不果腹，只依靠栗子為生，你怎麼指望他們可以依靠農業致富？怎樣才可以讓這裡出產可以帶來更多回報的商品？肉類？他們不吃肉；牛奶？他們只喝水；奶油？在他們眼中太奢侈了；羊毛？他們的需求量少之又少。這是否可以說明，在保護主義影響下，這些消費者的產品價格在上漲的同時，也會受到由於人們放棄消費而造成的價格下降的影響？

　　農民的情況對製造業的廠商來說，也同樣適用。紡織廠商堅信，外國競爭會以增加供給的方式造成價格下降。情況也許如此，但是其價格難道不會因為需求增加而上升嗎？難道對布匹的消費數量總是一成不變嗎？難道每個人都可以買到自己有能力購買的衣服嗎？如果取消所有的稅收和限制措施，人們就會變得更富有嗎？難道人們在擁有財富之後，不是先用這些錢讓自己穿得更好嗎？

　　問題──永遠存在的問題是：從保護主義政策中獲益的是特定的產業部門，還是綜合考慮各種因素之後，保護主義的限制性措施絕對比自由貿易更富有生產力。

　　如今，每個人不會不假思索地這麼認為，否則人們不會總是說：我們

「理論上是正確的」。

　　如果真實情況就是這樣，如果保護主義的限制性措施是為了某個特定產業部門的利益，不惜給社會的整體福利造成更大的損失，我們必須指出，貨幣價格反映的是每個特定產業與其他產業之間以及供給和需求之間的關係。實施這樣的政策，沒有使保護主義目標中的有利價格得到實現。正好相反，這種政策的實施對有利價格的形成來說，卻是一種阻礙。

5. 保護主義可以提高薪資嗎？

　　一個無神論者表現出對宗教、神父、上帝的不滿情緒。一個沒有任何宗教信仰的人說：「你如果繼續這樣下去，我將會被你變成虔誠的信徒。」

　　我聽說一些幼稚輕率的三流作家、小說家、改革家、矯揉造作的作者紙醉金迷，他們的公事包塞滿金邊債券[1]，或是他們透過發表反對自利主義、個人主義的激烈言論而賺取大量金錢的時候；我聽說他們公然挑釁這個無情的制度、為勞苦民眾大聲疾呼的時候；我看到他們來到天國飽含熱淚，為貧困而操勞的民眾感到悲憫的時候（實際上，他們從來沒有遭受貧困，只是出於利益的考慮而進行著書立說的時候，才會有所涉及），我要對他們說：「假如你們繼續這樣做，將會使我把工人的死活置之度外。」

　　天啊，這是多麼虛偽啊！這是當代醜態畢露的指責！如果由一個認真而嚴謹的人道主義者來描述工人們悲慘的真實生活，假如他的著作可以產生一定的影響力，他就會在第一時間遭到一群改革者的攻擊。他們煞費苦心、含沙射影、顛倒黑白、譁眾取寵，為了達到目的，什麼手段都使得出來。他們總會有撫平所有悲傷的方法，他們總是以「協會」、「組織」的名義，為你排除憂愁、解決困難；他們對你萬分殷勤、趨炎附勢、阿諛奉

---

1. 當時一種很受歡迎的證券。——譯者注

承，你就像奴隸一樣，陷入被別人控制的困境：正直的人不屑於對你的情況進行公開關注，想想也應該明白，怎麼會有人在這個令人反胃的滿是謊言的時刻，給你提供什麼合理建議？

「事不關己，己不勞心」，這是一種懦弱的、有失正義的態度，對此我不贊同，即使是裝腔作勢地提及，也會比這種態度更好。

工人們啊，你們知道自己的處境是多麼詭異嗎？你們正在遭受別人的盤剝，這種盤剝是如何進行的，請聽我娓娓道來……不，我改變主意了。不能在我們的言語中出現過於激烈的表述，這樣可能會引起歧義。沒錯，「盤剝」一詞很容易引起誤解，被作為指認謬論的藉口。這樣一來，就會使人們反對盤剝者的信念受到動搖，對於盤剝就會任憑處置。但是最後，你的勞動果實還是被別人佔有，你也不會得到公平的對待。如果吵鬧以後獲得的那些安撫、那張空頭支票、那些嗟來之食可以讓你滿足，如果那些「組織」、「共同體」的幌子可以震懾你，你的這些要求將會得到很大的滿足，但是不會有人想要給你那種完全的公平。然而，你得到不公平的待遇，在長年累月地獲得微薄收入之後，這些微薄收入怎麼可能滿足你如此多的需求？

也許某一天，我會告訴你協會和組織的本質，可以理解你已經被那些讓你滿懷希望的空頭支票弄得昏頭昏腦。

同時，讓我們看看人們是否制定對你不公平的法律，不僅規定你應該向誰購買諸如麵包、肉類、衣物、羊絨之類的商品，而且規定你需要支付的費用。

這與保護主義政策不是如出一轍嗎？它確實提高你購買的所有商品的價格，在這一點上，對你是不利的。但是，保護主義不是也使你的薪水增

加嗎？

決定薪資高低的因素是什麼？

有一個工人給出非常簡潔的答案：兩個工人爭搶一個工作的時候，薪資水平就會下降；兩個老闆爭搶一個工人的時候，薪資水平就會上升。

為了簡單起見，我用學術（但是可能不容易理解）的語言來表述：薪資的高低，取決於勞動的供需狀況。

是什麼決定勞動的供給？

是市場中工人的數量。這一點，保護主義是無能為力的。

是什麼決定勞動的需求？

是國內可供投資的資本數量。但是，資本的數量是否會由於保護主義「人們不應該購買國外產品，所有產品應該由本國生產」的主張而增加？完全不會。資本或許會因為這個主張在不同的產業之間進行轉移，但是不會給可供投資的資本數量帶來絲毫的增加。所以，保護主義無法使勞動的需求獲得增加。

人們會對某個產業引以為傲，難道使這個產業得以創辦的資本以及產業的建立，都是從天而降的嗎？當然不是，農業、水運、酒類製造業都是這些資本的來源。這也可以解釋為什麼徵收保護性關稅，會有更多的工人聚集在開採業和工業城市的市郊，港口的水手、田間工作的農民、葡萄的種植戶會減少。

對於這個問題，我要進行詳細論述，但我還是希望透過例子來說明：

某農夫擁有一個農場，佔地1.2萬平方公尺，他的投資是10000法郎。他把土地分為四塊，並且依照下列順序輪流進行耕種：最初是玉米，第二是小麥，第三是首蓿，第四是黑麥。他和家人的需求只是農場產出的一些

穀物、肉類、乳製品，剩下的部分拿去出售以後，用於購買油、亞麻、葡萄酒等日常用品。每年的資本都是用於支付薪水和從鄰近農場雇用的臨時工報酬。這項投資來自他的銷售，資本每年都在不斷增加，農夫清楚地知道，如果不把錢投入生產就不會有價值，每年的剩餘可以用於建造籬笆、修整土地、改善農業設施和農舍、提高工人的薪水。他甚至在附近的銀行有一筆存款，但是銀行不會任憑這些錢閒置在金庫裡，而是借給創業的船主和企業家，所以這些錢也會以工資的形式支付出去。

　　沒過多久，農夫死了，他的兒子繼承遺產，他對自己說：「坦白地說，我的父親一生無所作為。他從普羅旺斯①購買橄欖油，把錢拱手相讓，我自己也有能力開闢一小塊田地用來種植橄欖樹。他從布列塔尼、梅多克、耶爾島②購買亞麻、葡萄酒、柳橙，同樣把錢拱手相讓，無論如何，亞麻、葡萄、柳橙都可以在自己農場裡種植。他又讓磨坊主和紡織工從我媽媽這裡賺到錢，事實上，織布和磨小麥粉可以由我們的僕人來完成。他把自己毀掉了，而且把原本可以由自己人賺取的薪水給別人。」

　　在這種思想的驅使下，這個魯莽的年輕人改變農場的輪種制度。他把土地分成二十塊，在第一塊上種植橄欖樹，在第二塊上種植桑樹，在第三塊上種植亞麻，在第四塊上種植葡萄，在第五塊上種植小麥……如此一來，他過著自給自足的生活，並且使自己徹底擺脫對別人的依賴。他不再從貨物的流通中獲取任何物品，他的任何東西也不再進入貨物的流通中。

---

1. 普羅旺斯是法國東南部的一個地區，毗鄰地中海，和義大利接壤。——譯者注
2. 梅多克位於法國西南吉倫特河畔，是一個典型的農業區；耶爾島地處地中海沿岸，毗鄰普羅旺斯。——譯者注

透過這種做法，他是否就會變得更富有？答案是沒有，原因在於：他的土地不適合葡萄的生長，氣候條件也不利於橄欖樹的種植。更何況，長期來看，其父親透過交換而得到的家庭所需物品的供給，比這種做法更充足。

工人付出的勞動沒有絲毫增加。準確地說，他們需要耕種的地塊數量是之前的五倍，但是每個地塊的面積是以前的五分之一。農場種植橄欖樹，就會使種植小麥的面積相應地減少。農民不再從其他地方購買亞麻，但是也沒有可供出售的黑麥。而且，支付的薪水不超過他的資本，這些資本在新的作物輪種制度下，不僅沒有增加，反而減少了。在複雜的新種植制度下，大部分的資本被用來建造房屋和購置所需的生產器具。這樣做的結果是：在勞動的供給未發生改變的情況下，可以用於支付薪水的資本卻減少了，薪資的下降就是不可避免的。

這就是一個國家構築關稅壁壘、自給自足的結局。如果產業的種類有成倍的增加，它的重要性就會降低。這就表示，一個多種產業並舉的體系會變得更複雜，其結果不是更多的產出，反之亦然。原因在於：一定數量的資本和勞動需要克服的困難增加了，大部分的流通資本（工資基金的構成部分）就要轉變為固定資本，不管工作情況發生什麼變化，剩餘部分的總額沒有增加。如同水一樣，想要保持充足，就要積蓄在池塘和水庫等蓄水設施中，如果覆蓋更多的土地、日曬的面積過大，就會有更多的水被吸收和蒸發，進而全部流失。

一定數量的資本和勞動的生產力與遇到的阻力之間呈現反比關係。毫無疑問，與氣候和溫度等因素相比，資本在國際之間流動遇到的壁壘阻力有過之而無不及，最終都會使產出減少，也就是說，結果是減少用於滿足消費者的產品。如果用於滿足人們需求的商品的總供給減少了，怎麼可能

使工人的薪水增加？如果真的增加了，只能假定財富會因為生產總量的減少而減少，還會因為（他們所謂的）工人薪水的增加而減少。這種情況是不可能存在的，也是不足為信的，有充足的證據和理由來駁斥這種工人薪水隨之增加的謬論。

6. 財產與法律

我的同胞們對我充滿信心，所以賦予我議員的頭銜。

如果我也像盧梭那樣理解這個頭銜的含義，就會拒絕接受這種榮幸。

他說，「無論是誰，如果有足夠的膽量許諾建立一個國家」，他肯定覺得「自己具有改造人性的能力。換言之，要把每個以其自身而言完美無缺、作為一個獨立整體而存在的個人，改造成一個從屬於一個更大整體的微小組成部分，個人由此而獲得生命並且得以存在，要改造人類的肉體結構，使其更強壯……如果現在很少看見偉大的君主，偉大的立法者就會更罕見。君主只是在遵從別人已經創立的規制行事，後者才是造物主，這台機器是他發明創造的，前者只是負責啟動和關閉這台機器的操縱者。」

盧梭相信，社會是由人類創造的一件物品，所以法律和立法者的地位是極其崇高的。他認為，立法者和普通人之間存在一條永遠無法逾越的鴻溝。在他看來，法律不僅應該改造人類，也應該創造或是消滅財產。對我來說，社會、人類、財產都是先於法律而存在，特別是財產。我必須澄清的一點是：不是先有法律才有財產，反之，是先有財產才有法律。

這兩種認識之間的對立，包含重大的意義。因為我們不願意正視由此而得出的結論，所以我希望你們給我一個機會，讓我更準確地說明這一點。我首先要聲明的是：我在這裡使用的「財產」一詞，是指它的一般含義，不包括其特定的含義，即土地財產。但是，讓我還有許多經濟學家感到遺憾的是：這個詞語經常會讓我們不自覺地聯想到土地佔有。我對財產

的理解，是指勞動者對他的勞動創造的價值所擁有的權利。

如果你們可以接受我對這個詞語的理解，我想要問你們，在你們看來，是法律把這種權利創造出來的嗎，還是正好相反？法律沒有創造它，它是先於並且高於法律而存在；是否有法律的存在，財產權利才會出現？或是正好相反，財產權利先於法律而存在，法律的出現也是由這種權利導致的。如果實情是第一種，組織和完善財產權就是立法者的職責。只要他們覺得對社會有益，甚至可以取締財產權；如果第二種說法有道理，立法者的許可權僅限於維護和保障財產權。

在現代最偉大的思想家德拉梅內（de Lamennais）[1]起草的一份憲法草案的前言中，我們看到這樣的句子：

「法國人民宣布：他們已經認識到，權利和責任先於並且高於所有成文的法律，而且不依賴於這些法律而存在。」

「這些權利和責任直接來自於上帝，它們構成三個信念，我們可以用幾個神聖的詞語來表達，那就是：自由、平等、博愛。」

對於這些話，我感到有些疑惑——為什麼他沒有把財產權包括在內？這種權利也是源自於上帝，也是先於法律，為什麼會成為法律存在的根源所在？

不像一些人想的那樣，這個問題沒有理論性也沒有價值。正好相反，這其實是一個重大的、根本性的問題，也是當前社會最迫切需要解決的問題。我希望你們在看完我對關於財產和法律的起源的兩種思想體系及其後

---

1. 德拉梅內（1782—1854），法國哲學家、天主教神父、改革家、工人階級的忠實捍衛者，力圖將天主教理論與自由主義相結合。——譯者注

果的比較以後，可以發自內心地相信這一點。

經濟學家相信，財產和人類的存在一樣，都是上帝的旨意。法律不可能賜予一個人生命，也不可能帶來財產，財產是人性的必然結果。

從這個詞語的完整意義上說，人類生來就有一些需求，只有滿足這些需求，才可以延續自己的生命，所以人類生來就是一個所有者。人類生來就有各種器官和知覺，想要這些器官和知覺正常運作，就要滿足它們的各種需求。知覺是人體的延伸，財產是人體的知覺的延伸。如果把一個人與他的知覺分開，最後只會害死這個人；如果把一個人與他的知覺創造的東西分開，這個人也同樣會死亡。

有些政治理論家熱衷於探究上帝應該如何創造人類，但是我們研究的，僅限於上帝是如何創造人類。我們注意到，對於人們來說，如果某些需求無法得到滿足，就無法在這個世界上生存；如果他們不工作，不創造價值，就無法得到滿足自己需求的那些東西；如果他們不相信可以用自己的勞動果實來滿足自己的需求，就不會主動積極地工作。

以此為基礎，我們才會相信，財產就是這樣神聖地形成。人們制定法律的目的，就是保護或是保障其財產。

世界上先有財產而後才有法律，這一點是不可改變的，沒有法律的野蠻人也會承認這個事實。如果一個野蠻人付出大量勞動為自己建造一間房子，他對這間房子的佔有權或是所有權是毋庸置疑的。另一個更強壯的野蠻人可以搶走他的這間房子，但是部落會因此而產生戰爭是不可避免的。正是這種暴力的濫用，促成人們達成合作、共同協議、制定法律，試圖透過警察的暴力手段來保護個人的財產。所以，法律是為了保護財產而存在，不是像有些人說的，法律是先於財產而存在。

我們認為，動物之間也承認財產原則。燕子辛苦地建造巢穴去養育後代，植物透過吸收營養和佔用特定區域內的土壤和空氣，才可以生長發育。如果它們吸收和佔用的過程被打斷，就會枯萎、凋零，直至死亡。

人類與動物和植物一樣，也要佔用某些東西，才可以生存、發育、成長。佔用是一種自然的現象，對於生命而言，是上帝賜予的。佔有的正當性，是由人們辛勤工作而賦予的。如果勞動使某些以前不能利用和佔有的東西可以被利用和佔有，我不明白，為什麼有些人要聲稱這種正當佔有的目的是造福別人，而不是為付出勞動的人們帶來好處。

法律的產生，正是為了回應這些基本的事實，回應人性的必然。生命和自我發展的欲望引誘人們弱肉強食，侵犯弱者對自己勞動成果的所有權。於是，人們紛紛同意，把所有人的力量聚集起來，用來防止和鎮壓此類暴力侵害行徑。因此，法律的職責就是保護財產權利。人們達成的協議創造出來的不是財產，而是法律。

現在，我們來探究相反的理論體系的根源。

我們之前的所有憲法宣布，財產是神聖不可侵犯的。這個事實似乎在告訴我們，社會組織的目標就是可以讓私人團體或是個體透過自己的勞動自由地發展。這也說明一點，財產先於法律而存在，一直以來，法律唯一的目的就是保護財產。

然而，我想要知道，我們的憲法中是否有這樣的規定。換句話說，這是不是一句虛偽得不能再虛偽的話，是一個形同虛設的規定。最重要的是：我們社會的信念是不是以這個為基礎而構成。

如果像有些人說的那樣，文學確實是社會的某種反映，我們就要對以上所說的這一點感到懷疑，因為那些政治理論家謙恭地讚美財產原則以

後，又開始深情地呼喚法律的干預。他們這樣做的真正目的，不是要求法律保護財產權利，而是要求法律管理、矯正、削弱、改造、均分財產、信用、勞動。

於是，大多數人會認為，法律擁有對於人身和財產的絕對權力。這樣一來，立法者也同樣擁有這種權力。

這一點也許讓我們很難接受，但是我們不應該對此感到驚訝。

從拉丁和羅馬時代開始，我們已經拋棄我們關於這些事情的看法，甚至是權利的基本。

雖然我沒有研究法律，但是我也知道，我們的理論的源頭是羅馬法，可惜的是，我們把它們之中一些錯誤的東西當作正確的。羅馬人必然會把財產看作是某種純屬約定的東西，即成文法的某種產物，或是某種人為創造出來的東西。很明顯，他們不會像政治經濟學家一樣去追溯人類的本性，也不可能察覺人們的需求、知覺、勞動與財產之間存在的關係和必然的聯繫。如果他們這樣做，那就太荒謬了，對他們來說，這等於自殺。因為當時，他們依靠掠奪為生，透過掠奪獲得財產，生活方式的基礎是奴隸制，所以不可能有那種認識。如果他們把財產的真正權利來自於自己的勞動這個觀念貫徹到立法活動中，就會動搖他們的社會根基。不，他們不會這樣想，也不能這樣想。他們只能滿足於對財產做出一個純粹經驗的定義——「使用和濫用的權利」——這個定義只是指出一個效果，沒有說明其中的理由或是根源，因為他們對這個事實只能假裝看不見。

眾所周知，19世紀的法律科學仍然是以古代闡明奴隸制合法性的許多原則為基礎。這讓人感到悲哀，卻覺得很好理解，因為在法國，法律學說被某些人壟斷，進步被壟斷排斥。

確實，法學家無法創造所有公眾輿論，但是我們必須承認，目前法國的年輕人可以輕鬆地接受法學家關於這些問題的錯誤觀念。這是法國的大學和神學教育產生主導作用的結果，因為在我們人生最美好的10年中，這種教育為我們營造並且使我們深陷其中的，就是滲透著羅馬社會的戰爭和奴隸制精神的氛圍。

　　所以，我們看到這樣的景象——18世紀的人們在重複羅馬人認為財產問題就是關於習俗和法律制度的問題這個觀念的時候，我們就不會感到驚訝。因為在他們看來，法律不是財產的邏輯結果，正好相反，財產是法律的邏輯結果。每個人都知道，對於盧梭來說，財產甚至整個社會，都是某種契約、某種發明的結果，是立法者精神的某種產物。

　　「社會秩序是一種所有東西賴以為基礎的神聖的正當性。」然而，這種正當性不是自然形成的，是根據約定而確立的。

　　可見，讓所有東西賴以為基礎的正當性，純粹是約定性的。因此，作為次一級正當性的財產，也具有約定性，並非源於自然。

　　羅伯斯比完全繼承盧梭的衣缽，這位門徒關於財產問題說的每句話，我們都可以在其導師的理論甚至詭辯中看到。

　　「公民們，首先，我要向你們提出幾個想法，目的是讓我們的財產理論更完善。你們不要被這個想法嚇到。不要害怕，你們這群只知道崇拜金錢的骯髒靈魂，我不是要把你們的財富弄到我的手裡。畢竟，這些財富既骯髒又墮落……相反地，我寧願出生在法布里修斯（Gaius Fabricius Luscinus）①的草屋中，也不願出生在盧庫魯斯（Lucullus）②的宮殿中。」

這裡我們要注意，如果一個人闡述他對財產概念的理解，把這個詞語和富裕畫上等號，那樣很糟糕；如果他把財產等同於透過不正當手段獲得的財富，就是非理性的、危險的。法布里修斯的棚屋和盧庫魯斯的豪宅一樣，都是一種財產。但是，我請讀者注意以下一段話，這段話可以概括這種思想體系：

「想要捍衛自由——人類最基本的需求，最神聖的自然權利，我們可以準確地說，自由，就是對其他人權利的限制。為什麼你們不把這個原則運用於社會創造出來的財產？這就像在說，永恆的自然法則比人們的約定俗成更沒有神聖性。」

在給出一番導言式的評論以後，羅伯斯比開始闡明自己的原則：

「第一條：財產權是每個公民享有和支配法律為他提供的那份物品的權利。」

「第二條：財產權跟其他權利一樣，要被限制在尊重別人權利的範圍內。」

就這樣，羅伯斯比把自由和財產闡述為對立的兩截。事實上，自由權和財產權的來源大相徑庭：一個來源於自然，另一個是社會創造出來的；

---

1. 法布里修斯（Fabricius），古羅馬著名的將軍和執政官，為人誠實正直。他以清廉著稱於世，一生沒有積蓄，就連他死後，女兒出嫁的嫁妝也是由國家提供。——譯者注
2. 盧庫魯斯（Lucullus，西元前118—西元前56），羅馬將軍，曾經擔任財政官、行政長官，因其住宅的豪華、宴會的華美而聞名。——譯者注

第一種是自然的，第二種是約定俗成的。羅伯斯比對這兩種權利施加同樣的限制，這樣一來，人們必然會覺得，這兩種權利的起源是相同的。不管我們討論的是財產還是自由，都要尊重別人的權利。在他看來，這種尊重不會摧毀或是削弱這種權利，反而會強化這種權利。因為財產和自由都是先於法律而存在的權利，只有以尊重別人同樣的權利為前提，這兩者才可以共存。於是，法律的職責就會變成確保人們遵守這種虛無飄渺的約束，這正好就表示承認和支持這種原則。

無論何時，我們都可以確定一點：羅伯斯比認為財產是社會創造的，是約定俗成的，這是完全套用盧梭的說法。他們沒有把財產與其真正的合法性來源——勞動聯繫在一起。他說，財產權就是行使法律賦予他的那份物品的權利。

正是由於盧梭和羅伯斯比的鼓吹，羅馬人的財產觀念才會滲透到我們的思想中。對此，我無須多言。我們知道，布朗基《論革命》第一卷就充滿對日內瓦哲學家和國民公會領袖的狂熱歌頌。

於是，社會創造財產權，財產權是立法者的某種發明創造，是法律的產物。總之，財產權是自然狀態下的人們不瞭解的。這個觀念透過古典思想研究、法律學說、18世紀的政客們、1793年的大革命、有計劃的社會秩序的現代吹捧者，從古羅馬傳播到我們這裡。

現在，我們來分析我在之前提到的兩種思想體系的後果，首先要分析的是財產源於法律這種思想體系的後果。

第一個後果是：為烏托邦空想家開闢最廣闊的想像空間。

這樣的後果，我們很容易就可以看到。如果我們從原則上承認，法律是先於財產而存在，夢想家的頭腦裡可以幻想出多少種法律，就可以出現

多少種組織管理勞動的方式。如果我們從原則上承認，立法者的使命是用他自己喜歡的方式去管理、組合、構造人類和財產，他們就可以想像出許多管理、組合、構造人類和財產的方式。這樣一來，僅僅在巴黎，安排勞動的設想就會多達幾百種，安排信用也有幾百種方案。這些方案之間，彼此對立衝突，我們不需要懷疑這一點，可是它們的背後有一個共同的思想基礎：法律創造財產權，立法者是絕對的主宰，勞動者和他的全部勞動成果應該由其支配。

第二個後果喚醒這些夢想家對權力的渴望。如果這樣假設，我構想出一種非常好的組織管理勞動的制度，而且我假設，每個人的手裡都掌握主動權，我要做的就是闡明這種制度，然後等著人們覺悟之後採用它。但是據我所知，在我現在考察的這種思想體系中，主動權只掌握在立法者手裡。誠如盧梭所說，「立法者應該強大到可以改造人性」。因此，成為一位立法者就是我要奮鬥的目標。只有達到這個目標，才可以把我發明創造的某種社會秩序強加於人們。

關於這一點，國民議會①最近的活動為我們展示一幅最怪誕的場景。現在已經是19世紀中葉，就在二月革命（這場革命正是打著自由的旗號）②結束幾天以後，我們聽到一件事情：有一個人，一位比內閣部長更高級的官員、臨時政府的成員，一位被授予革命的無限權力的政府官員，非常冷靜地提出一個問題：讓那些有力氣、有才華、勤勞出眾的勞動者獲得更高的薪資。換句話說，獲得他自己生產的財富比較好，還是不管其是否努

---

1. 原文為the Luxembourg，指法國國民議會所在地。——譯者注
2. 1848年2月22日爆發於法國巴黎的推翻七月王朝、建立第二共和國的革命。——譯者注

力，也不管其勞動的成果多少，統一發放薪水給每個人更好？這就相當於這種情況：一個勤勞的工人向市場提供兩尺布，一個懶惰的工人向市場提供一尺布，卻要求他們得到同樣的收入。這個人在經過一番論證之後，大言不慚地說出自己的想法：他更傾向於不管每個人生產的可供出售的產品數量和品質如何，統一發放薪水給每個人。也就是說，在他的思想中，兩個人生來就是兩個人，可是法律卻把他們變成一個人。

於是，我們明白了，為什麼在有些人眼裡，法律比自然更強大。

那些聽他說話的人都明白，這種恣意妄為直接背離人性，生產一尺布的人怎麼可以得到兩尺布的報酬？如果允許這種現象存在，真正的競爭就不會存在，取而代之的是比其更惡劣千百倍的另一種形式的競爭：每個勞動者都會想盡辦法偷懶，想要成為付出最少的人，反正有法律做主，做多做少都會得到同樣的報酬。

然而，公民們，布朗基先生已經預料到我們會這樣反駁他，所以他想出一個方法：為了防止人性中這種偷懶的天性，也就是不給薪水就不工作的想法作怪，他為人們設計一個公布欄，如果有人在工作中偷懶，他們的名字就會被寫在上面。但是他沒有說清楚，在那裡，是否有偵察人員專門偵察誰在偷懶，這些偷懶的人是否要由法院來審判，是否要有警察來執行這種判決。我們一直以為，烏托邦空想家不想建立可以讓法律機制運轉起來的龐大政府機構。

然而，國民議會的議員們看起來有些半信半疑。於是，布朗基的秘書維達爾（Vidal）[1]立刻跑上來，為他的導師的思想大聲喝采。維達爾緊跟盧梭，提出改造人性、改變上帝法則的建議。

上帝賜予每個人特定的才能和需要，因此帶來特定的後果，自私自

利就是由此產生的。換言之，自我維持生存和自我發展的欲望形成人類偉大的推動力。然而，維達爾先生想要改變這一切。他詳盡地考察上帝的工作，覺得上帝做得真是不怎麼樣。他準備從法律和立法者無所不能的原則出發，用政令抑制人們自私的心，並且讓榮譽的法令來取代它。於是，人們為了生存和發展，為了養活家人，必須要做的不再是工作，而是保持他們的榮譽，確保自己不能站在錯誤的立場上。在他看來，這種新的動機不屬於另一種類型的自私。

維達爾先生不斷地告誡人民，要忠於軍隊奉行的那套榮譽法令。然而，我們還是想要請他把全部的事實真相告訴我們，如果他的計畫就是把勞動者按照軍隊進行編制，請他說說，屆時，規定30種死罪的軍法，是否可以成為約束人們的法令？

我在這裡嚴厲批駁的這種有害的原則會產生一個更可怕的後果，那就是：不確定性。它就像達摩克利斯之劍②一樣，始終高懸在勞動、資本、商業、工業的頭上，其後果之嚴重不可想像，我想要請讀者認真地對待這一點。

在美國這樣的國家裡，財產權被置於法律之上。在這裡，警察唯一的職責就是保護這種自然的權利。每個人可以滿懷信心地把他的資本和勞動投入到生產活動中，不需要擔心朝令夕改的立法活動會打亂他們的計畫。

---

1. 維達爾（Francois Vidal，1812—1872），記者、政客、經濟學者，編輯多份報紙雜誌，是政府干預勞資關係的積極鼓吹者。1848年革命以後，布朗基請他出任自己所在的勞動組織委員會秘書，後來積極投身於反對路易・波拿巴的政治鬥爭中。他最著名的著作是De la Repartition des Richesses ou de la Justice Distributive en Economie Sociale（1846），書中批評性考察當時的各種經濟學說。——譯者注

反之，如果我們遵循財產的基礎是法律而非勞動的原則，如果我們允許烏托邦空想家透過法令，以某種普遍的方式，把他們的綱領強加給我們，我們就應該明白一件事情：大自然深植於人們心靈中的遠見和審慎，已經成為經濟繁榮的絆腳石。

因為在這樣的地方，不管什麼時候，沒有人敢創辦工廠或是投資開辦企業。昨天下達的法令說，他只能在固定的時間內工作，可是今天新的法令又說，某類工人的工資應該固定不變。如此一來，誰知道明天、後天、大後天又會搞出什麼新花樣。如果立法者處於這種無可匹敵、至高無上的地位，而且發自內心地相信，他可以安排人們的時間、勞動、交易，以及他們的所有財產，全國上下就沒有人知道，法律會把他強制安排在什麼位置上，給他什麼工作職位。在這種情形下，沒有人願意工作。

我不想否認的一點是：很多甚至可以說大多數這個錯誤原則導致的思想體系，它們的出發點都是仁慈而善良的。但是，這個原則是錯誤的。乍看之下，每個方案的目的是想要實現財富的平均化，可是這個原則最有可能導致的結果是：讓所有人一樣貧窮，讓勤勞致富的人淪入窮人的行列，讓窮人在飢寒交迫中死亡。

我承認，想到這種危險的原則可能會使國家的財政困境更嚴重，我就會對國家的前途充滿擔憂。

2月24日，政府發表預算，宣布法國的財政已經入不敷出。除此之

---

2. 達摩克利斯之劍的說法出自希臘故事：狄奧尼修斯國王請他的大臣達摩克利斯赴宴，讓他坐在只用一根馬鬃懸掛的寶劍下面，以此告諭他，權力是與風險並存的，享受權力的同時也必須承擔相應的風險。後來，達摩克利斯之劍的意義被引申為安逸背後隨時潛藏著危機。——譯者注

外，現任財政部長對外宣布，還有10億法郎的債務也要到償付期了。

在這種嚴酷的局面下，收入仍然在持續下降，開支仍然在不斷增長。

這還不是問題的全部，我們的國家就要被政府的兩個理想拖垮了，這兩個理想都是無底洞。按照第一個理想，國家用公共資金慷慨地建立大量耗資巨大的機構。按照第二個理想，所有的稅收都在不斷地減少。一方面，收容所、托兒所、國立工廠、免費中小學、退休養老機構正在大量繁殖，國家準備把賠償金支付給奴隸主，也準備把損害費支付給奴隸，國家正在計畫設立信用貸款機構，向工人出借生產材料，把陸軍的規模擴大，重建海軍……另一方面，國家卻取消鹽稅、通行稅，還有最不受歡迎的消費稅。

不管我們如何看待法國的財源，我們都要承認，想要同時滿足這麼巨大又互相衝突的雙重目標的需要，就要培養這些財源。

我也可以這樣認為，想要完成這些超出人們能力之外、異常艱鉅的目標，就要把國家所有的力量投入到生產活動中。可是，就在這個時候，我們的耳邊卻出現一種不和諧之音：法律創造財產。據此，立法者就可以按照自己的意願，隨意頒布法令，如果照此行事，就會打亂所有企業的計畫。創造某件物品或是某種價值的勞動者可以成為這件物品或是這種價值的所有者，不是因為他的勞動，而是因為法律的授權。也許法律明天就會取消這種授權，所有權就不再是合法正當的。

你可以想像這樣會引發什麼後果嗎？資本和勞動每天提心吊膽，沒有多餘的力氣再去為明天著想。在這種學說的衝擊下，資本必然會隱藏和流失，甚至被摧毀。如果農業生產停止了，人們就無法吃到更好的食物；如果沒有人願意創辦工廠，人們就無法穿到更好的衣服；如果資本不存在

了，人們就不會有更多的就業機會。

同樣，國家就沒有稅收來源；國家就無法充實國庫；國家就無力償還債務；國家就不能添置生產工具；國家就沒有任何財源，可以支持你用法令輕易地創辦這些大型機構。

我們還是不要再繼續進行這些令人鬱悶的思考。我要繼續考察與現在流行的原則相悖的那種經濟學家的原則，這種原則正確地指出，財產來自於勞動而不是法律。這種原則認為，世界上先有財產後有法律；法律唯一的職責就是維護財產，不管它的存在形式是什麼，不管它是如何形成的，不管勞動者是怎樣把它生產出來的；是自己生產出來的，還是和別人共同創造的，只要尊重別人的權利就可以了。

經濟學家對財產原則的理解還包括一致性原則。我們已經在上述文字中看到，如果是立法者創造財產權，烏托邦空想家的腦海裡有多少種想法，就會存在多少種財產權模式。換句話說，財產權模式是數之不盡的。反之，如果財產是上帝賜予人類的，先於所有人類立法活動，人們制定法律只是為了保護它，其他的財產權制度就不可能再存在。

經濟學家的財產原則還包括更安全、更有保障的含義。擺在這裡的各種證據已經顯示，如果每個人發自內心地承認，每個人都有義務維持自己的生存，每個人都有權利享受自己的勞動果實，這種權利比法律來得更早，比法律的地位更高。如果法律的存在和介入，只是為了保障人們付出勞動並且擁有其勞動果實的自由，就可以為所有勤奮努力的人的未來提供保障。我們不必再去擔心，立法機構頒布的法令抑制人們的努力，打亂人們的計畫，妨礙人們的遠見。資本會在這種力量的保護下被迅速地創造，資本的迅速累積是勞動價值增加的唯一推動力。於是，勞動階層的狀況也

會得到改善，他們會與別人合作創造新的資本。他們甚至可以從受薪階層轉變成投資者，投資企業或是創辦企業，進而重新獲得尊嚴。

最後，國家不應該擔任生產者的角色，它要做的是為生產者提供安全保障。這個原則是永恆的，也有利於節省公共支出，並且保證其運行井然有序。只有根據這個原則，才可以實現社會的繁榮發展，並且公平地分擔稅負。

無論什麼時候，我們都要記住：實際上，國家無法創造任何財富。如果它不從勞動者那裡拿走某些財富，就會一無所有。因此，如果每件事情都要它去干預，等於是讓它用自己機構的糟糕而且要付出高昂代價的活動去取代私人活動。如果像在美國那樣，大多數的人都認識到，國家的職責就是為所有人提供充分的安全保障，國家就可以只耗費幾千萬法郎完美地履行這個職責。利用這種節省措施，再加上工業的繁榮，實現單一稅制，即只對形形色色的財產徵稅，就會變得極為可行。

最後，我想要針對自由貿易協會[1]說幾句話。協會因為採用這個名字而遭到批評，反對者和支持者都覺得使用這個詞語是一個失誤。不同的是，反對者因為這個失誤而興高采烈，支持者因為這個失誤而垂頭喪氣。

「為什麼要傳播恐慌？」自由貿易的支持者說，「為什麼要把某個原則歸於你的名下？為什麼不把自己的職責局限在對進口稅進行明智而穩妥的改革這個範圍內？這種進口稅已經到了不得不改的地步，我們已經有可以支持改革的有利證據。」

---

1. 1846年，巴斯夏協助創辦波爾多自由貿易協會，之後不久，他就被任命為巴黎自由貿易協會的秘書。——譯者注

可以告訴我，這是為什麼嗎？因為在我看來，自由貿易從來就不僅是進口稅的問題，而是權利的問題、公平的問題、公共秩序的問題，還有財產權的問題。

我們的協會曾經在1846年5月10日召開的籌備會議上發表第一個聲明，如果讀者看過這個聲明，他們就會相信，這是我們主要的理念：

「交換跟財產權一樣，是一種自然權利。每個生產或是獲得某件產品的公民，都有權利自行處置自己的財產——自己留著，還是給別人，或是在他自己同意交換的前提下，給予我某件我需要的東西。在他沒有違反公共秩序和道德的前提下剝奪他的這種能力，反而要求他去滿足別人的需求，實質上就等於把掠奪行為合法化，違反正義的法律。」

「再進一步說，這種做法破壞公共秩序賴以維繫的環境。因為，假如社會中的每個成員想要操控法律，想要利用警察的力量，壓制其他行業而取得成功，這個世界的秩序會變成什麼樣子？」

我認為問題絕對不僅只涉及關稅，因此我還要說：

「我們簽署此聲明，不表示我們反對國家對通過其邊界的商品徵稅的權利，只要這些稅收是為公共支出所用，只要是因為公共財政的需要才確定稅收，我們並無任何異議。」

「但是，如果稅收的目的是為了排斥外國產品，人為地抬高某種產品的價格，不惜犧牲國庫的收入，強求整個社會為某個階級的利益讓步，為了對其進行保護，甚至不惜去掠奪別人，稅收就不再具有財政的性質。這個原則就是本協會竭力反對的，我們也對天發誓，一定要將其從法律中徹

底清除。」

　　假如我們只是以立刻削減關稅為目的，假如我們像一些人形容的那樣，是在為某種商業利益代言，我們就會非常謹慎，不會把表示某種原則的詞語寫在我們的旗號上。其實，我們已經預見到，這份向不公平開戰的宣言書，勢必會給我們前進的道路增加很多障礙。我們很清楚，可以透過側面迂迴和掩飾目標，讓我們的思想半遮半掩，這樣一來，我們就可以更迅速地獲得勝利或是部分的勝利。然而，這種勝利是非常短暫的。有些人會問：它可以挽回或是保護財產權的原則嗎？我可以很清楚地告訴你，這是很困難的，因為這些問題只是我們的背景，不在我們討論的範圍內。

　　我再說一遍，我們強烈要求取締貿易保護主義制度，不是把它視為善良的政府採取的某種措施，而是將其視為一種公平，視為一種自由，視為權利高於法律這個觀念取得的成果。我們不應該讓那些容易被人們誤解的言辭，掩蓋我們真實的意圖。

　　我們不同意讓我們協會的名字帶有某種誘惑，隱藏某個陷阱、某件令人驚奇的事情，或是某種模稜兩可的話，而是直接表述某種秩序和正義的永恆原則。遲早有一天，人們會認識到，我們的這種做法是正確的。從本質上說，這個世界上只存在一種原則：只有這些永恆的原則，才可以照亮人們的心智，讓那些誤入歧途的信念無所遁形。

　　起初，那些貿易保護主義者利用關稅手段來實現保護貿易的目標；現在，這些受苦受難的階級利用其他手段來達到自己的目的，但是整體來說，其原則卻是一脈相承：利用法律手段從一些人手裡得到一些東西，然後把這些東西給另一些人。因此，地主和資本家，如果那些比你們更不幸的人要求法律給予他們好處，你們就不要抱怨了，因為你們之前也承認這

個惡劣的原則。更何況，他們至少還具有某種你們不具有的資格。

人們最終會看到事情的本來面目，他們會看清楚我們正在走近深淵，因為這樣會破壞維持社會穩定的基本條件。現在，富人被某種錯誤學說的侵害嚇得惶恐不安，為這種學說奠定邪惡基礎的人就是他們自己，他們曾經相信這種學說可以給他們帶來好處。這其實是一個很大的教訓，一個有力的證據，證明世界上存在因果關係。土地財產的所有者，你們曾經破壞我們思想中正確的財產觀念。這種正確的觀念是政治經濟學給予我們的，可是你們卻禁止這種觀念，原因在於：它以財產權的名義，反對你們擁有的不公平的特權。如果信奉這些令你們驚恐的新派思想的人掌權，你們可以想出他們做的第一件事情是什麼嗎？按照當前的形勢，政治經濟學反對利用法律手段均分財富，所以他們做的第一件事情就是壓制政治經濟。你們曾經這樣做，而今，別人正在學你們做同樣的事情。你們要求法律給予你們的東西，是社會成員不應該向法律提出的，也是法律不應該給予任何人的。你們要求法律給予你們的，不是你們應該有的正當權利，而是某種額外的價值。這種價值不應該屬於你們，而且多於你們應得的。為了最大限度地滿足自己的要求，侵犯別人的權利是在所難免的。而今，你們的愚蠢已經變成一種普遍的愚蠢。如果你們想要躲開會傷害你們的風暴，只能選擇一個方式：承認你們的錯誤，放棄你們的特權，讓法律走上正規的道路，把立法者約束在其正當的職責範圍內。你們曾經攻擊我們，摧毀我們，因為你們不理解我們。現在，你們意識到，是你們親手挖出一個深淵，然後自己跳進去。於是，你們慌不擇路地到我們這裡來尋找捍衛財產權的權力，要我們賦予這個詞語最寬泛的含義，讓我們揭示財產權與個人能力的關係，不管這些東西是透過勞動獲得還是透過交換得到的。

我們捍衛的理論，因為簡單得不能再簡單，所以招來很多反對之聲；我們的理論僅有的一點要求是：法律為所有人提供安全保障。政府職能可以減少到這種程度，簡直令人難以置信。而且，這種理論把法律限制在維護普遍而公平的範圍內，因為這種理論仁慈友愛，所以被排除在外、備受指責。從政治經濟學的角度來看，這種責難毫無道理可言。

7. 商人們的請願書

以下是蠟燭、燭芯、燈籠、燭台、街燈、燭剪、滅火器製造商，以及牛油、原油、松脂、酒精生產者及所有涉及光亮的廠商，給議會議員的公開信。

尊敬的議員們，

先生們，女士們：

你們真是太英明了。你們不同意實踐抽象的理論，完全不考慮供給的充分與價格的高低。你們極為關注生產者的命運，讓他們從外國競爭中解脫出來，也就是把國內市場還給國內的廠家。

我們有一個非常好的機會，貫徹你們的……應該如何稱呼？你們的理論？不適當，理論的欺騙性太強了；你們的教條？你們的制度？還是你們的原則？然而，你們不喜歡教條，你們的制度很恐怖，至於你們的原則，你們不承認政治經濟中存在原則。於是，我們還是將其稱為做法吧——不注重原則、缺少理論指導的做法。

我們的市場受到外來市場的極大衝擊，外來照明設備生產商擁有比我們國內優越很多的生產條件。他們的產品以令人難以置信的低價格，如潮水一般湧入，佔據國內市場。只要他們在市場上，我們的銷售就會被終結，沒有客戶購買我們的產品。法國的一個擁有無數廠家的產業，頃刻之間就會陷入停頓的境地。這個競爭對手不是別人，正是太陽，它無情無

義，與我們進行競爭。我們懷疑它受到背信棄義的阿爾比恩的指使，因為它對這個傲慢的島國尊重有加，卻對我們視而不見。

請求你們一定要通過這項法律，規定關閉所有窗戶、屋頂窗、天窗、百葉窗、窗簾布、窗扉、小圓窗、舷窗，堵住所有出口、洞口、裂縫，以及所有陽光可以進入的縫隙。如此一來，太陽光就無法進入房間，陽光要是進入房間，就會使產業的公平受到損害。我們很驕傲地說，我們的國家不是冷酷無情的，它不會對我們遭受的不平等競爭坐視不理。

尊敬的議員們，請仔細考慮我們的請求，不要對我們不理不睬，至少在拒絕之前，允許我們講述我們的理由。

首先，如果你們想盡一切辦法關閉所有通道，禁止自然光線的進入，就會使人造光的需求增加，法國所有的行業都會因此而受益。

如果法國有更多的動物油需求，他們就需要更多的牛和羊，清理過的土地就會增加，肉類、羊毛、皮革，特別是農業生產不可或缺的肥料也會增加。

如果法國有更多的油料需求，罌粟、橄欖、油菜籽的種植面積就會擴大，雖然這些作物具有很高的經濟價值，但是對土壤肥力的要求非常高，飼養牛羊帶來增加的土壤肥力正好可以派上用場，使土地獲得更高的收益。

遍布於荒野的是含有樹脂的樹種，這些價值不菲的植物散發迷人的芳香，吸引蜜蜂三五成群地從群山中飛來，農業的各個部門因此得到很大的發展。

水運的情形也是如此。數以千計的船隻加入捕鯨的大軍之中，很快就可以組成艦隊，彰顯法國的威嚴，並且使參與請願的廠商、船用雜貨商的

愛國熱情得到激發。

巴黎特色的產品會發生怎樣的變化？今後，你們會看到在百貨公司櫃檯裡，擺放著鍍金、裝飾青銅和水晶的燭台、檯燈、船用物品、枝狀燭台，它們光彩奪目，再也不會淪為雜貨攤的商品。

同時，沙丘高地上的樹脂採集工不再潦倒，礦坑深處的礦工不再窮困，而且他們的薪水會不斷提高，享受到持續繁榮帶來的好處。

先生們，你們只要做出一些反應，這些就會成為現實。只要你們相信，從擁有萬貫家財的昂贊公司股東到最卑微的火柴商販都會從中得到好處。如果我們的請求無法獲得支持，每個人的狀況就不會有絲毫改善。

先生們，我們已經預料到你們不會同意的自由貿易理論，不是你們從迂腐的舊書堆中看中的唯一理論。你們運用並未立刻使自己信服的理論來反駁我們，我們對此向你們提出抗議，抗議你們在全部的政策制定中，貫徹這樣的原則。

你們是不是想要對我們說，儘管我們可以受益於這種保護，但是對法國來說，沒有任何好處可言，因為消費者要承擔所有費用。

我們已經準備好答案：

你們沒有權利維護消費者的利益，因為如果你們與生產者的利益發生衝突，你們總是會置消費者的利益於不顧。你們的理由是為了發展工業、提高就業，這次也不能例外。

事實上，你們也預料這個請求會遭到拒絕。談到自由進口鋼鐵、煤炭、芝麻、小麥、紡織品非常有利於消費者的時候，「是的，」你們說，「但是把它們拒之門外，將會十分有利於生產者。」這樣正好，允許自然光進入室內確實非常有利於消費者，但是如果禁止自然光進入室內將會非

常有利於生產者。

你們還會說：「事實上，一個人在經濟生活中，既是生產者又是消費者。如果生產者從保護中得到好處，就可以促進農業的繁榮。反之亦然，假如農業繁榮了，就可以接納更多的工業品。」如此一來，如果你們對我們白天提供光亮的專權表示認同，我們首先會購買大量的動物油、木炭、植物油、樹脂、蠟、酒精、白銀、鐵、銅、水晶，用來進行生產。同時，我們和數不清的供應商會變得富有，將會消費大量的國內產品，並且使國內生產得以繁榮。

你們可能會說太陽光是免費的，是上帝賜予人類的恩惠，為了鼓勵光亮的生產而拒絕天賜之物與拒絕財富有什麼分別？

然而，如果你們抱持這樣的觀點，就會給你們的政策造成重創，因為一直以來，你們把外國商品拒之於國門之外，認為（或是在很大程度上是由於）外國商品與免費之物類似。你們為了滿足其他壟斷廠商的要求，不是一個充足的理由，不能依此把我們完全符合你們政策的請求視而不見。拒絕我們的請求，就是因為他們似乎更有理由說服你們贊同下列等式：＋×＝＋－，或是說極為荒謬。

勞動和自然融合的比例存在很大差異，會因為所處的國家、氣候、生產商品的不同而不同。自然對產品的貢獻總是無償的，只有勞動對產品價值的貢獻才可以得到報酬。

里斯本出產的柳橙的售價僅為巴黎出產的柳橙的一半，是因為里斯本的陽光可以提供足夠的熱量，而且是免費的，但是巴黎的陽光不夠充足，需要人工供熱，這些必須從市場上才可以獲得。

所以，出產於葡萄牙的柳橙免收一半的費用，換句話說，就是比巴黎

出產的柳橙便宜一半。

因此，可以準確地說，因為柳橙是半免費的（請認同我這種說法），所以你們堅持對進口採取限制措施。你們問：「法國的勞動怎麼比得過外國的勞動，前者親力親為，後者只需要完成一半，另一半由太陽來完成？」但是如果一種商品由於半免費而被你們拒絕引入，避免陷入競爭，既然是這樣，你們怎麼對完全免費的產品敞開競爭之門？你們要麼是互相抵觸，要麼應該在為避免傷害國內廠商把半免費的產品拒絕引入競爭之後，以更充分的理由、更大的熱情，拒絕完全免費的產品。

再譬如說，一種產品——煤、鐵、小麥、紡織品從國外進口，假如我們得到這種產品需要的必要勞動比自己生產需要的必要勞動少，其差額就是我們無償獲得的禮物，而且禮物的多少與差額的大小成正比，可能是1/4、1/2、3/4的產品價值。假如國外生產者的價格為國內的1/4、1/2、3/4，而且贈與人和太陽一樣只給予而不索取的時候，就會出現這種情形。現在我們正式提出的問題——你們更在乎的是法國免費消費得到的益處，還是要保護處境艱難的生產？請你們做出選擇吧，但是要合情合理。因為只要你們仍然禁止從外國進口煤、鐵、小麥、紡織品，原因在於其價格接近於零，你們怎麼可以允許太陽提供光亮，而且從早到晚，太陽都是免費提供光亮！

8. 原材料

據說，在貿易中用製成品換取原材料是有利的，因為國內勞動的基礎就是原材料。

所以，順理成章就可以得出這樣的結論：竭盡全力為原材料的進口大開方便之門，並且阻止最終產品的進口，才是最好的關稅法律應該做到的。

於是，在政治經濟領域，這是一個最被人們廣泛接受的謬論。不僅僅是保護主義學派抱持這樣的觀點，更重要的是，這也是自詡為自由主義學派的觀點。令人唏噓不已的是，理由很美好，做法卻相當糟糕：不僅沒有做出巧妙而有力的反擊，反而進行不適當的辯護。

自由貿易只是自由的一個方面：只有得到普遍的認同，才有資格被寫入法律。但是如果廣泛接受成為一項改革成功進行的必要前提，如果公眾的思想受到誤導就會變得不可遏制，公眾的思想不是最容易受到以壟斷理論為基礎而建立的自由貿易觀點的誤導嗎？

若干年以前，三個法國城市——里昂、波爾多、利哈佛發生大規模反對保護主義制度的抗議活動。法國（事實上，全歐洲都是這樣）各地紛紛起義，他們高舉自由貿易理論的旗幟。唉，這只是新瓶裝舊酒，這依然是壟斷的旗幟。與造反者明確反對的保護主義相比，這種壟斷甚至更貪得無厭、荒謬可笑。這些請願者利用我要揭發的謬論，只是對國內勞動保護的理論進行風馬牛不相及的簡單複製。

究竟什麼是真正的貿易保護主義制度？讓我們來聽聽看，德・聖-克里克對此是怎麼說的：

「勞動是國家財富的源泉，因為我們需要的眾多物品都是透過勞動創造出來的，豐富的物品也是財富的重要組成部分。」這些都是後面觀點的前提。

「但是，產品的生產必須由國內的勞動來完成。如果由國外的勞動來完成，就會造成國內勞動力的失業。」這段話之中，有一個錯誤。

「一個農業國家或是工業國家應該怎麼做？應該確保市場上的產品在本國生產，並且來源於本國的勞動。」這是以上得出的論斷。

「因此，為了達到這個目的，徵收關稅以限制進口。在必要的時候，還可以禁止所有國外生產的產品進入本國市場。」這是可供實施的手段。

讓我們把這個制度與波爾多的請願進行比較：

商品可以被分為三類。

「第一類是食物和原材料，由於這類商品中不包含人類勞動，一個明智的經濟制度，理論上不必對這類商品徵收關稅。」換句話說，對於不包含人類勞動的商品，無須實施保護。」

「第二類是初級加工品，其本身決定應該對這些產品徵收一定數額的關稅。」也就是實施一定的保護政策，因為按照請願者的意思，這類產品還可以經過國內勞動的進一步加工。」

「第三類是最終產品，這類產品不為國內的就業提供任何機會，對這類產品應該徵收最重的關稅。」在此，對勞動的保護可謂無以復加。

很明顯，在請願者看來，外國勞動給國內勞動的利益造成傷害，這是

保護主義制度產生的錯誤。

他們要求法國市場應該保證法國勞動者的利益，這正是保護主義制度不斷追求的結局。

他們要求對外國勞動徵收重稅並且實施限制，這是執行貿易保護主義制度的必要手段。

所以，認真想一想，波爾多請願者的觀點與貿易保護主義的頭號支持者德‧聖-克里克的觀點有什麼不同？

唯一的不同之處在於：勞動一詞所涉及的範圍不同。

德‧聖-克里克推而廣之，認為勞動包含的任何東西，都應該受到保護。

「勞動是國家的全部財富，」他說，「保護農業，保護所有農業；保護製造業，保護所有製造業——這個呼籲將會一次又一次地向議會提出。」

在請願者的眼中，所謂的勞動就是製造過程中進行的活動，所以他們只主張對製成品採取保護措施。

「由於原材料中不包含人類勞動，理論上不應該對其徵收關稅。最終產品對國內的就業機會沒有絲毫幫助，因此我們認為對其徵收關稅是十分有必要的。」

關於對國內勞動實施保護是否合理的問題，在此我們不予追究。在這個問題上，德‧聖-克里克和波爾多的請願者達成一致意見。正如讀者看到的，我們與他們站在截然不同的立場上。

我們需要明確一下，德‧聖-克里克和波爾多的請願者所說的勞動，誰理解得更確切。

在這個問題上，我們必須要說，德‧聖-克里克的理解比後者強1000倍，因為雙方也許會有以下的對話：

德‧聖-克里克說：「你們主張保護國內生產的產品，你們認為如果在國內銷售外國生產的產品，將會相應地減少等量的國內勞動。可是你們宣稱，許多有價值的產品儘管可以銷售，卻不含有人類勞動，這些產品主要是小麥、麵粉、肉、牛、臘肉、鹽、鐵、銅、鉛、炭、羊毛、毛皮、種子。」

「假如你們可以向我證明，勞動與這些物品的價值沒有任何關係，我就認同對它們採取保護措施是沒有必要的。」

「然而另一方面，如果我可以向你們證明，100法郎的羊毛與100法郎的紡織品具有相同的價值，對這兩種產品都採取保護措施就應該得到你們的贊同。」

「這些羊毛為什麼也價值100法郎？難道不是因為這是羊毛的售價？又是向誰支付的貨款？難道不是以薪水、工資、利息、利潤等形式，向生產這些產品的工人和資本家進行支付嗎？」

請願者說：「提到羊毛，也許你是正確的。但是難道據此就可以得出一般性的結論說，一堆穀物、一塊鋼錠、一噸煤炭都是勞動的結果嗎？這些難道不是自然的造化嗎？」

德‧聖-克里克說：「毋庸置疑，自然的造化賦予的是這些物品本身，它們的價值卻是透過人類的生產勞動創造的。我說勞動創造物質材料是錯誤的，在這種錯誤表達的影響下，我還犯了其他的錯誤。人類無法創造任何東西，任何人不可能無中生有，無論是企業家還是農民。假如生產表示創造，我們的全部勞動不可能是生產性的。你們商人的活動，甚至是

我自己的活動也不能例外。」

「說農民創造小麥是不適當的，但是說農民創造小麥的價值卻是可以的，也就是小麥經過自己的、國內雇工的、收割者的勞動而成為一種有模有樣的物品。而且，經過磨坊主的勞動加工，小麥不就變成麵粉，再經過麵包師就被烘焙成麵包嗎？」

「假如人們自己製作衣服，就要進行一些必要的程序。在勞動開始之前，必須擁有包括空氣、水、熱量、二氧化碳、照明，以及所有必需的礦物質在內的原材料。或許可以認為這些原材料中不包含人類勞動，因為它們不具有價值，我不認為需要對這些原材料加以保護。然而，透過人類勞動，這些物質轉變為飼料，然後轉變為羊毛，接著是紗線，再來是布料，最後被製成衣服。誰可以武斷地說，整個製作過程，從農夫犁地留下的轍痕到裁縫師傅手中的那枚針，沒有包含勞動？」

「製造業的最終產品透過工業各個部門的勞動，在生產速度和品質上有很大的提升。可以按照流程的順序，排定一件衣服各種操作的重要程度。你們可以從主觀上說，剛開始的幾道程序甚至不能稱為勞動，後面幾道程序的重要程度足以獲此殊榮，可以得到被保護的特殊待遇嗎？」

請願者說：「確實，我們以前覺得小麥與羊毛沒有什麼不同，不包含任何的人類勞動。但是，農民沒有必要像製造業主那樣身體力行，或是雇用工人來完成操作，這難道不是事實嗎？農民也得到大自然的恩惠，小麥中包含勞動，但不是只包含勞動。」

德·聖-克里克說：「然而，任何物品具有的價值，是指生產這種物品需要的勞動。我很高興地看到，在小麥的生產過程中，大自然也貢獻自己的力量。我甚至希望，人類的所有勞動都由大自然一手包辦。但是你們

必須要承認：透過我的勞動，我讓大自然為我所用。我把小麥出售給你們的時候，請留意一下，我向你們索取的價格的依據，是我在這個過程中付出的勞動，而不是大自然的恩賜。」

「事實上，按照你們的邏輯法則，製成品也不可能由勞動來獨立完成。難道大自然沒有給予製造業主眷顧嗎？難道他利用氣壓來啟動蒸汽機，與我用犁耕地有什麼分別嗎？難道重力原理、能量守恆定律、化學元素之間的關係是他的專利嗎？」

請願者說：「好吧，這種情況只對類似於羊毛的物品適用，但是不可否認，煤炭確實是大自然的恩賜，唯有大自然的力量才可以造就。煤炭這種產品中，不包含任何的人類勞動。」

德·聖-克里克說：「沒錯，大自然創造煤炭，但是勞動創造煤炭的價值。數千年以來，煤炭深埋在地下幾千英尺的時候沒有價值。有些人來到這裡並且探勘到煤炭，這是勞動。這些煤炭還要被一些人運到市場上，這也是勞動。所以，如同之前所說的，你們在市場上支付的價格，正是對加工運輸支付的勞動報酬。」

說到這種程度，德·聖-克里克的觀點已經處於優勢地位。原材料的價值與製成品的價值沒有任何區別，都是代表生產成本，也就是產品在市場出售以前投入的全部勞動。具有價值但是不包含人類勞動的物品，根本不可能存在。從理論上說，請願者所做的區分是徒勞無益的，完全經不起實踐的考驗。因為經濟優勢的分布不是均衡的，使得1/3從事製造業的法國人透過勞動生產的投入而獲得壟斷的益處，2/3從事農業生產的法國人卻陷入競爭的漩渦，只是因為不能稱他們的生產為勞動。

由此可以得出這樣的結論：對一個國家來說，進口原材料和出口製成

品是最有利的，不管這些原材料是否包含人類勞動。

這是一種非常普遍並且得到廣泛認同的觀點。

「原材料越豐富，」波爾多的請願者說，「製造業就會越發達。」

他們又說：「原材料為進口國居民提供無數的就業機會。」

「原材料是勞動的必需品，」利哈佛的請願者說，「應該逐步改變關稅，直到把關稅稅率降至最低程度。」

請願者還認為，應該削弱對製成品的保護力度，不應該無限期地逐步降低，不是最低稅率而是應該直接降至20％。

「在其他價格更低、更豐富的物品中，」里昂的請願者說，「製造商都是使用原材料。」

這些觀點的基礎，都是一種錯覺。

我們現在清楚地知道，無論何種價值，都是代表勞動。如果製成品的勞動比半成品的價值高出十倍甚至百倍，在全國範圍內，製成品賺取的收入就是半成品的十倍甚至百倍。所以，人們就會這樣考慮：生產100公斤鋼鐵，所有工人獲得的收入只有15法郎，如果把100公斤鋼鐵製成史普林斯手錶，收入就會驟增至10000法郎。難道有人會覺得15法郎的勞動收入比10000法郎的手錶收入中包含的利潤更豐厚嗎？

這種想法沒有考慮到一個事實：國與國、人與人之間進行的交換的依據，不是重量或是長度。人們不會拿100公斤鋼鐵與100公斤史普林斯手錶進行交換，不會拿1磅未清洗羊毛和1磅羊絨披肩進行交換，被人們用來交換的是具有相同價值的物品。等價交換的實質，就是在等量勞動之間進行的交換。因此，出售100法郎的史普林斯手錶或是仿製品的收益，不會比出售100法郎的羊毛或是鋼鐵的收益更多。

如果一個國家的法律得到其轄區內所有公民的通過，稅收政策經過納稅人的同意，公眾會在蒙在鼓裡的時候受到盤剝。我們對透過原材料對我們施加的勒索渾然不覺，可以確信的是：每個謬論都會預示一次劫掠。親愛的朋友們，如果你們在某次請願中發現其中存在謬論，請看好你們的錢包，你們應該察覺到，這就是請願的真正目的。

讓我們設想一下，究竟是什麼動機使波爾多和利哈佛的船主們及里昂的製造商秘而不宣？他們對農產品和工業產品進行區分，又是受到什麼力量的驅使？

「第一類產品（主要是原材料，不包含人類勞動），」波爾多的請願者說，「是我們海運貿易的主要貨源……從理論上說，一個明智的國家對這類產品實行的應該是免稅的制度……對第二類產品（半成品）可以徵收適當的關稅。對第三類產品（最終產品，不再需要人類勞動）來說，我們的觀點是應該徵收最重的關稅。」

利哈佛的請願者認為：「有必要逐步把原材料的進口關稅降至最低，如此一來，航海設備可以得到持續運轉，從原材料的進口中，獲得必不可少的就業機會。」

製造業主對船主們是感恩圖報，就像里昂的請願者所說的那樣，「為了表示製造業城市的利益並非總是違背海運城市的利益」，他們提出對原材料免徵進口關稅的要求。

不對。用這些請願者的話來說，這兩者的利益，都背離所有農民和消費者的利益。

先生們，這就是你們真正的目的！這就是你們對經濟進行精細分類的真正目的！你們企圖透過法律的手段來阻止最終產品遠渡重洋，運費昂貴

的原材料會為你們的貨船帶來更多的業務。沿海各國擁有更大體積的原材料，而且沒有經過去粗取精，可以使你們的海運設備得到最充分的利用。在你們的眼中，這就是明智的經濟制度。

依據這個邏輯，為什麼我們不從俄羅斯進口連根、含枝、帶葉的松樹，從墨西哥進口未經提煉的金礦而不是黃金，從布宜諾斯艾利斯進口氣味難聞的帶皮毛的動物屍骨而不是獸皮？

可以預見的是，如果議會的大多數人支持鐵路局的股東們，議會就會通過一項法律，禁止出產於干邑的白蘭地在巴黎銷售。難道法律不能規定收取每桶白蘭地的運費按照十桶葡萄酒的運費來計算嗎？如此一來，巴黎酒業可以獲得大量的就業機會，而且火車也閒不住了。

究竟要過多久，人們才可以察覺到這個簡單至極的事實啊？

如果增進整體福利成為工業、海運、勞動的目標，這樣是有益的。但是創造毫無用處的工業、建造多餘的交通設施、增加不必要的勞動，不僅無法讓公眾從中獲得益處，反而會讓公眾遭受嚴重損害，陷入不利的境地。人們最終需要的不是勞動，而是消費。因此，所有非生產性的勞動都是徹底而明確的損失。向運送無用廢品的船員支付報酬，等同於付錢讓他們用鵝卵石打水漂。因此，我們可以得出這樣的結論：所有經濟學的謬論，不管其形式怎樣變化，其擁有的共同點都是將手段與結果混為一談，而且損人利己。

富能量 07

看得見的
與看不見的

作者	弗雷德里克·巴斯夏
譯者	劉霈
美術構成	騾賴耙工作室
封面設計	斐類設計工作室
發行人	羅清維
企劃執行	張緯倫、林義傑
責任行政	陳淑貞

企劃出版	海鷹文化
出版登記	行政院新聞局局版北市業字第780號
發行部	台北市信義區林口街54-4號1樓
電話	02-2727-3008
傳真	02-2727-0603
E-mail	seadove.book@msa.hinet.net

總經銷	知遠文化事業有限公司
地址	新北市深坑區北深路三段155巷25號5樓
電話	02-2664-8800
傳真	02-2664-8801
網址	www.booknews.com.tw

香港總經銷	和平圖書有限公司
地址	香港柴灣嘉業街12號百樂門大廈17樓
電話	（852）2804-6687
傳真	（852）2804-6409

CVS總代理	美璟文化有限公司
電話	02-2723-9968
E-mail	net@uth.com.tw

出版日期	2022年01月01日　一版一刷
定價	320元
郵政劃撥	18989626　戶名：海鴿文化出版圖書有限公司

國家圖書館出版品預行編目（CIP）資料

看得見的與看不見的：流傳全球的經濟學經典 ／ 弗雷德里克·
巴斯夏作 ； 劉霈譯. -- 一版. --
臺北市 ： 海鴿文化，2022.01　面 ；　公分. --（富能量；07）
ISBN 978-986-392-400-5（平裝）

1. 政治經濟學

550.1657　　　　　　　　　　　　　　110020329

SeaEagle

SeaEagle

SeaEagle

SeaEagle